D1618724

Prüfung
des kommunalen Jahresabschlusses

Leitfaden für die Praxis

Von

Helmut Fiebig

Leiter des Rechnungsprüfungsamtes
der Stadt Meerbusch

3., neu bearbeitete und erweiterte Auflage

ERICH SCHMIDT VERLAG

Bibliografische Information der Deutschen Bibliothek
Die Deutsche Bibliothek verzeichnet diese Publikation in der Deutschen
Nationalbibliografie; detaillierte bibliografische Daten sind im Internet über
dnb.ddb.de abrufbar.

Weitere Informationen zu diesem Titel finden Sie im Internet unter
ESV.info/3 503 09334 6

Die 1. und 2. Auflage erschienen unter dem Titel
„Prüfung und Analyse der kommunalen Jahresrechnung"

1. Auflage 1999
2. Auflage 2003
3. Auflage 2006

ISBN-13: 978 3 503 09334 2
ISBN-10: 3 503 09334 6

Dieses Papier erfüllt die Frankfurter Forderungen
der Deutschen Bibliothekund der Gesellschaft für das Buch
bezüglich der Alterungsbeständigkeitund entspricht sowohl den
strengen Bestimmungen der US Norm Ansi/Niso Z 39.48-1992
als auch der ISO Norm 9706.

Satz: Peter Wust, Berlin
Druck: Strauss, Mörlenbach

Vorwort zur 3. Auflage

Drei Jahre nach der Herausgabe der 2. Auflage dieses Leitfaden hat sich auf dem Gebiet der kommunalen Haushaltswirtschaft der angekündigte Wandel in einigen Bundesländern bereits realisiert. So hat Nordrhein Westfalen seit dem 1. 1. 2005 die bisherige Kameralistik durch die kaufmännische Buchführung abgelöst. Die überwiegende Zahl der Flächenländer beabsichtigt, diesen Schritt nachzuvollziehen, wobei in manchen Bundesländern die Gemeinden die Option haben sollen, entweder nach den Grundsätzen der Erweiterten Kameralistik oder nach der doppischen Buchführung ihre Geschäftsvorfälle nachzuweisen.

Damit wird für die Kommunen das realisiert, was Art. 114 GG seit 1949 dem Bundesfinanzminister auflegt: „über das Vermögen und die Schulden ... Rechnung zu legen". Angesichts der Tatsache, dass die Kameralistik nicht geeignet ist, eine derartige Übersicht aus der Buchführung heraus zu entwickeln, bewegten sich faktisch alle bisherigen Bundesfinanzminister auf dem Boden des Artikels 72 der Reichsverfassung von 1871, wonach über die Verwendung aller Einnahmen des Reiches durch den Reichskanzler Rechnung zu legen war.

Das neue Haushaltsrecht in Nordrhein-Westfalen greift zwar vieles auf, was in den letzten Jahren der Kameralistik verändert wurde. Die Instrumente, wie sie sich aus der einseitigen, der gegenseitigen und der unechten Deckung ergaben, verbunden mit unbeschränkter Bildung von Haushaltsausgaberesten auch im Verwaltungshaushalt sowie die Übertragbarkeit von außerplanmäßigen Verpflichtungsermächtigungen führte zu einer Entmachtung der Gemeinderäte und damit faktisch zu einer Entdemokratisierung der Einrichtungen, die Willy Brandt einst als Schule der Demokratie bezeichnet hatte.

Das doppische Haushaltsrecht geht weiterhin von den Erleichterungen, wie sie in den letzten Jahren der Kameralistik geschaffen wurden, aus. Ein wesentlicher Unterschied besteht allerdings darin, dass mit der Planung des Haushalts ein deutlicher Zwang weg von der Input-orientierten hin zur Output-orientierten Steuerung geschaffen wurde. Es reicht nämlich nicht mehr aus, Haushaltsmittel nur zu veranschlagen, sondern es ist erforderlich auch Kennzahlen und Leistungsdaten im Rahmen der Haushaltsplanberatung zu nennen. Es wird Aufgabe der Räte sein, nicht nur Mittel bereitzustellen, sollen auch ganz klar zu definieren, welche Ziele mit diesen Mitteln erreicht werden sollen und was passiert, wenn diese Ziele nicht erreicht werden.

Für die Prüfung ergibt sich hierdurch ein neuer Ansatz: nicht mehr das ordnungsgemäße nachweisen von Zahlungsvorgängen steht im Mittelpunkt, sondern die Frage, ob das, was erreicht werden sollte, mit den zur Verfügung stehenden Mitteln auch erreicht wurde.

In dieser Situation müssen Ratsmitglieder wissen, wie sie die Hoheit über die städtischen Finanzen behalten können. Daher liegt ein Schwerpunkt dieses Buches auf die Behandlung des neuen kommunalen Haushaltsrechts, so wie es sich in Nordrhein-Westfalen darstellt.

Unabhängig von der Einführung der Doppik bleiben viele Bundesländer (noch) bei der Kameralistik. Daher ist es erforderlich, sowohl das „alte" Recht – die Kameralistik – zu behandeln als auch auf „neues" Recht – die kaufmännische Buchführung – einzugehen. Soweit dies methodisch in den laufenden Text passt, erfolgt es an der jeweiligen Stelle. Ansonsten wird auf das neue Kapitel IV verwiesen.

Meerbusch, im Januar 2006   Helmut Fiebig

Vorwort zur 1. Auflage

Der vorliegende Leitfaden greift die Darstellungen meines im selben Verlag erschienenen Buchs „Kommunale Rechnungsprüfung" auf. Es ist zunächst für diejenigen gedacht, die sich entweder als ehrenamtliche Politiker oder als junge Prüfer erstmals mit dem Prüfungsgeschehen beschäftigen müssen.

In vielen Gemeinden Deutschlands beschäftigen sich immer mehr Verantwortliche in der Politik und den Verwaltungen mit der Einführung neuer Steuerungsmodelle. Neben vielen anderen Schlagworten „geistern" der Politische Haushalt und die Budgetierung durch die Rathäuser. Hinter beiden Begriffen verbirgt sich manchmal das Ziel, die Aufgaben des Rates auf die wesentlichen Entscheidungen zu reduzieren, den ehrenamtlichen Räten also die Entscheidung des „Ob" zuzubilligen und der hauptamtlichen Verwaltung das „Wie" zu überlassen.

Das mag für Großstädte richtig sein; je weniger Einwohner die Gemeinde hat, desto größer werden die Fragezeichen, ob dieser Weg der neuen Steuerung der richtige sein kann. Insbesondere muss kritisch gefragt werden, ob die Reduzierung des Rates auf die sog. Kernbereiche sich mit der Allzuständigkeit des Rates und letztendlich mit dem Demokratiegebot des Grundgesetzes in Einklang bringen lässt. Gleiches gilt im Übrigen auch für die starken Privatisierungstendenzen, die dazu führen, dass nicht mehr vom Volk gewählte Vertreter über die Angelegenheiten der örtlichen Gemeinschaft entscheiden, sondern einige wenige Aufsichtsräte der Gesellschaften.

Verzicht auf Entscheidungskompetenz durch den Rat löst – wenn man das Demokratiegebot ernst nimmt – eine nachgängige Kontrolle über die Erledigung des „Wie" aus. Viele Gemeinden in Deutschland verfügen über kein eigenes Rechnungsprüfungsamt, die Prüfung der hauptamtlichen Verwaltung erfolgt durch ehrenamtliche Ratsmitglieder. Es soll Verwaltungschefs geben, die den ehrenamtlichen Mitgliedern eines Rechnungsprüfungsausschusses vorgeben, was „sie zu prüfen haben". Diese haben zwar bei ihrer Prüfung ein ungutes Gefühl, können aber angesichts des Ungleichgewichts zwischen Rat und Verwaltung oftmals keine eigene Ziele durchsetzten. Und wenn bei der Prüfung auch noch parteipolitische Interessen eine Rolle spielen, leidet die Qualität der Prüfung erheblich.

Mit Hilfe dieses Leitfadens sollen ehrenamtliche Prüfer in die Lage versetzt werden, die Jahresrechnung zu prüfen und zu analysieren, insbesondere daraufhin, ob Aussagen des Kämmerers im Rechenschaftsbericht mit den vorgelegten Zahlen der Jahresrechnung im Einklang stehen. Es richtet sich vornehmlich an die Politiker, die erstmals Mitglieder eines Rechnungsprüfungsausschusses werden.

Aber auch Mitarbeitern, die erstmals zu Prüfern bestellt werden, fällt es schwer, die Systematik der Jahresrechnung zu verstehen und nachzuvollziehen, wie der Kämmerer das Ergebnis der Jahresrechnung durch seine Entscheidungen nach seiner Vorstellung beeinflussen kann. So wird durch eine zu hohe pauschale Restebereinigung ein negatives Abschlussergebnis ausgewiesen, das den Kämmerer im kommenden Jahr aber nicht daran hindert, über- oder außerplanmäßige Mittelbereitstellungen zu genehmigen. Jeder Prüfer sollte in der Lage sein, die Techniken eines Kämmerers nachzuvollziehen und zu beurteilen. Ratsmitglieder in einer Stadt mit eigenem Rechnungsprüfungsamt sollten wissen, was sie im Bericht über die Prüfung der Jahresrechnung erwarten können. Nicht das Aufdecken eines Skontoverlustes von 3,85 € ist gefragt, sondern die Darstellung von Folgen finanzpolitischer Entscheidungen in Millionenhöhe.

Der Leitfaden soll helfen, sowohl auf der Seite der ehrenamtlichen Ratsmitglieder als auch auf der Seite der hauptamtlichen Prüfer den Blick für das Wesentliche zu schärfen und bei Diskussionen mit dem Kämmerer die notwendigen Argumente zu liefern.

Meerbusch, im Juni 1999   Helmut Fiebig

Inhaltsverzeichnis

Anhänge

Inhaltsverzeichnis

Abkürzungsverzeichnis

a. a. O.	am angegebenen Ort
a. F.	alte Fassung
BAT	Bundesangestelltentarifvertrag
BGB	Bürgerliches Gesetzbuch
BFH	Bundesfinanzhof
BStBl.	Bundessteuerblatt
dergl.	dergleichen
d. h.	das heißt
evtl.	eventuell
EZB	Europäische Zentralbank
gem.	gemäß
GemHVO NRW	Gemeindehaushaltsverordnung für das Land Nordrhein-Westfalen
GemPrO	Gemeindeprüfungsordnung Baden-Württemberg
GO Bran	Gemeindeordnung für das Land Brandenburg
GemO BW	Gemeindeordnung Baden Württemberg
GemO Rh.-Pfalz	Gemeindeordnung für Rheinland-Pfalz
GO Bayern	Gemeindeordnung für den Freistaat Bayern
GO LSA	Gemeindeordnung für das Land Sachsen-Anhalt
GO NRW	Gemeindeordnung für das Land Nordrhein-Westfalen
GO M-V	Gemeindeordnung für das Land Mecklenburg-Vorpommern
GO Sachsen	Gemeindeordnung für den Freistaat Sachsen
GO SH	Gemeindeordnung für das Land Schleswig-Holstein
Gr.	Gruppe
HAR	Haushaltsausgabereste
HER	Haushaltseinnahmereste
HGB	Handelsgesetzbuch
HGO	Hessische Gemeindeordnung
i. d. R.	in der Regel
i. S.	im Sinne
KER	Kasseneinnahmereste
KGSt	Kommunale Gemeinschaftsstelle für Verwaltungsvereinfachung
KSVG	Kommunalselbstverwaltungsgesetz (Saarland)
lfd.	laufend(e)
LHO	Landeshaushaltsordnung
Mio.	Millionen

NGO	Niedersächsische Gemeindeordnung
NKF	Neues Kommunales Finazmanagement
Nr.	Nummer
OLG	Oberlandesgericht
pp.	perge perge (und so weiter)
RPO	Rechnungsprüfungsordnung
S.	Seite
SAKD	Sächsische Anstalt für kommunale Datenverearbeitung
SGB XII	Sozialgesetzbuch XII
s. o.	siehe oben
sog.	so genannte
ThürKO	Thüringer Kommunalordnung
TVöD	Tarifvertrag für den öffentlichen Dienstag
UA	Unterabschnitt
UGr	Untergruppe
VE	Verpflichtungsermächtigungen
VOB	Verdingungsordnung für Bauleistungen
VOF	Verdingungsordnung für freiberufliche Leistungen
VOL	Verdingungsordnung für Lieferungen und Leistungen
VV	Verwaltungsvorschrift
z. B.	zum Beispiel
z.T.	zum Teil
zzgl.	zuzüglich

KAPITEL I
Haushalts- und Finanzkontrolle in Deutschland

1. Einleitung

Die Diskussion um Staatsfinanzen, Haushaltskonsolidierung, Sparmaßnahmen *1*
und Solidarpakt beherrscht die Presse und die anderen Medien. Zentrales Thema
in der Bevölkerung ist die permanent steigende Belastung der Steuer- und Gebüh-
renzahler durch Zugriffe der öffentlichen Hand – sei es, dass ein Entgelt für eine staatliche Gegenleistung (Gebühren, Beiträge) gefordert wird, sei es, dass der
Staat Geld zur Deckung seiner sonstigen Ausgaben benötigt (Steuern). Zwar gibt
es immer wieder Erleichterungen bei der Einkommen- und Körperschaftsteuer,
die aber in der Regel über Steuererhöhungen in anderen Bereichen finanziert werden. Daran können auch Steuerreformen wenig ändern, da letztendlich die Netto-
belastung der Bürger steigt.

Das Thema der Staatsfinanzierung durch Abgaben der Bürger ist Jahrhunderte
alt. Die Römer hatten das an der kommunalen Abwasserbeseitigung exerziert und
festgestellt, dass Geld nicht stinke (pecunia non olet). Auch seit Bestehen der Bundesrepublik wird die Diskussion immer wieder von Zeit zu Zeit geführt. Insbesondere eine Bundestagswahl ist ein idealer Zeitpunkt, um über die Abgabenbelas-
tungen einerseits und Sparmaßnahmen andererseits zu sprechen. Auch die nach
der Bundestagswahl 2005 regierende große Koalition hat als erste Maßnahmen
„Sparbeschlüsse" verkündet. Dabei wird der Begriff des Sparens wie auch in der
Vergangenheit nicht korrekt eingesetzt. „Sparen" ist eigentlich nichts anderes, als
aus den laufenden Erträgen das im Augenblick nicht benötigtes Geld auf ein Spar-
konto zu legen, um in wirtschaftlich weniger günstigen Zeiten ausreichend Reser-
ven zu haben. In Alten Testament ist dieses Verhalten am Beispiel der sieben fet-
ten und der sieben mageren Jahre beschrieben. Heute ist „Sparen" bestenfalls zu
einer Reduzierung der Staatsausgaben mutiert; Abgabenerhöhungen werden vereinzelt auch schon als Sparmaßnahme beschrieben. Der Präsident des Deutschen
Sparkassen und Giroverbandes Helmut Geiger wurde in einem Artikel der Welt
am Sonntag vom 6. Juni 1993 wie folgt wiedergegeben: „Es wird viel vom Sparen geredet, aber wenig gespart". Gewaltig störte ihn nach dem Artikel, dass dabei
schon wieder über höhere Beiträge zur Arbeitslosenversicherung geredet werde.
„Es werden wieder falsche Vokabeln benutzt. Auch die früheren Sparpakete waren eigentlich Abgabenerhöhungspakete." Vergleicht man diese Aussagen mit der
aktuellen Situation im Jahr 2005, kann man durchaus zu dem Schluss kommen,
dass sich in den vergangenen 13 Jahren nichts geändert hat. Steuerliche Belastun-

gen kommen auf Bürger zu – an steuerliche Entlastungen denkt niemand mehr. So war noch zu Zeiten des Finanzministers Waigel die Mineralölsteuer deutlich (zweckgebunden) zur Finanzierung des britischen Agrarbeitrages angehoben worden. Wenn es gelingen sollte, im Rahmen der EU-Finanzierungsverhandlungen zu einer Kostenverlagerung Richtung Groß-Britannien zu kommen, wird in Deutschland mit Sicherheit die Mineralölsteuer nicht gesenkt werden.

2   Vergessen oder auch mangels Kompetenz nicht überlegt wird, wie tatsächlich gespart werden kann. Auch mögen politische Betrachtungsweisen (Wahlen) Politiker davon abhalten, tatsächlich zu sparen statt nur davon zu reden. Dabei gehört es mittlerweile zum Allgemeinwissen, dass allein die stärkere Beteiligung der Bürger an den Kosten des Staates keine Sparmaßnahme ist, sondern lediglich eine Finanzierung des Status quo ohne Beantwortung der Frage, ob dieser Status quo überhaupt benötigt wird und wenn ja, ob er in dieser Form benötigt wird. Tatsächlich kann nur dann von einem Ansatz zum bewussten Sparen gesprochen werden, wenn der Staat prüft,

1. ob eine bestimmte Aufgabe erforderlich ist oder – hart formuliert – sie nur deshalb wahrgenommen wird, weil sie Tradition hat und im Übrigen für die Wahrnehmung der Aufgaben Planstellen geschaffen und besetzt sind, die nach Wegfall der Aufgabe nicht ebenfalls wegfallen können,

2. wie er bei den verbleibenden Aufgaben bei gleicher Qualität weniger ausgibt,

3. ob der erreichte Qualitätsstandard notwendig ist oder ob ein Weniger ausreicht, um die Ansprüche der Bevölkerung zu erfüllen.

Diese Aufgabe zu erfüllen fällt nicht leicht – auch wenn regelmäßig über Entbürokratisierung und Rückführung der Staatsaufgaben auf die Kernbereiche gesprochen wird. Man schaue sich nur die Gesetzgebungsmaschinerie an: Wer angesichts des immer größer werdenden Umfangs des Bundesgesetzblattes wirklich an Entbürokratisierung glaubt, muss ein überzeugter Visionär sein. Gibt es doch vielfältige starke Interessengruppen, die Sparmaßnahmen verhindern möchten. Dazu gehören auf Bundes- oder Landesebene Interessenverbände, die einmal erreichte Errungenschaften im Interesse ihrer Mitglieder erhalten wollen, auf kommunaler Ebene die Vereine und Gruppierungen, die bisher von den öffentlichen Leistungen profitiert haben. Hierunter fällt das kostenlose Überlassen von Sporthallen ebenso wie angenehme Handreichungen von kommunalen Bauhöfen etwa bei Karnevals- oder Schützenumzügen, die den beteiligten Vereinen regelmäßig nicht berechnet werden. Aber nicht nur von Dritten erfolgt Widerstand gegen den Abbau von Leistungen, auch innerhalb der Verwaltungen werden Ansätze zu Sparmaßnahmen oftmals unterlaufen. Jede realisierte Sparmaßnahme lässt nämlich den Umkehrschluss zu, dass offensichtlich vor Realisation der Sparmaßnahme unwirtschaftlich gearbeitet wurde, der Schlendrian also in der jeweiligen Organisationseinheit herrschte. Der „verantwortungsbewusste" Leiter einer Organisationseinheit wird also mit allen Kräften versuchen nachzuweisen, dass er seine Aufgaben mit den vorhandenen Ressourcen (Personal und Sachbedarf) nur unter größten Anstrengungen erledigen kann; jeglicher Sparwille wird damit unterlaufen.

Als weitere Größe gegen die Durchführung von Sparmaßnahmen sind Politiker allgemein, und, da dieses Buch die kommunale Rechnungsprüfung behandelt, Kommunalpolitiker zu nennen. Liest man die Lokalpresse einer beliebigen Gemeinde, sind Versäumnisse bei publizierten Unwirtschaftlichkeiten niemals die Politiker, sondern stets nur die Verwaltungen schuld. Angesichts der 100 % Unschuldsvermutung, die sich Politiker gerne zubilligen, sind berechtigte Zweifel angebracht, ob die Quote richtig sein kann. Tatsächlich redet jeder verantwortungsbewusste Politiker unter konsequenter Beachtung des St.-Florian-Prinzips von Sparmaßnahmen. Damit verläuft der Sparwille im Sande. Verstärkt kann dieses vor Kommunalwahlen beobachtet werden. Versprechen an das Wahlvolk einerseits und der Zwang zum Sparen anderseits schließen sich aus. Da Wahlversprechen sehr häufig eingelöst werden, besteht das Sparen in einem weiteren Griff in die Geldbörse des Bürgers.

Verwaltung und Politik tragen gemeinsam Verantwortung für die kommunale Finanzwirtschaft. Daher steht es ihnen auch gemeinsam gut, die Verantwortung für Unwirtschaftlichkeiten zu tragen, die aus politischen Gründen oder aus Gründen der Verwaltungsraison veranlasst worden sind. Das aber fällt ihnen erkennbar schwer. Daher ist es auch nicht außergewöhnlich, wenn Unwirtschaftlichkeiten aus subjektiven Gründen ignoriert oder gar negiert werden. An dieser Einschätzung ändern auch die sog. Neuen Steuerungsmodelle bzw. das Bestreben nach einer Verwaltungsmodernisation nichts. Nach wie vor kümmern sich Politiker auch um Kleinigkeiten. Dieses Verhalten, das den Ideen und Zielen der Neuen Steuerung entgegenläuft, ist nichts anderes als das konsequente Wahrnehmen des erteilten Wählerauftrags und gehört mit zum Wesen der Demokratie. Ein Politiker, der nach Ablauf seiner Amtszeit wiedergewählt werden möchte, muss auf Fragen seiner Wähler positive Antworten geben können. „Ich habe die Verwaltung global und strategisch gesteuert und dabei die Kosten gesenkt", ist als Wahlkampfaussage wenig geeignet. Die Wähler wollen viel eher hören, dass ihr Kandidat oder ihre Kandidatin dafür gesorgt hat, dass eine Straße verkehrsberuhigt umgestaltet wurde und dass der Kostenanteil der Anlieger (KAG-Maßnahme) möglichst gering war. Dass der städtische Anteil entsprechend hoch ausgefallen ist und damit ein weiterer Schritt zur Verschlechterung der finanziellen Lage der Stadt unternommen wurde, wird nicht gesehen.

Unwirtschaftlichkeiten müssen aufgedeckt werden, damit Konsequenzen für die Zukunft gezogen werden können. Soweit erforderlich, muss auch für die Vergangenheit der Verursacher für sein Fehlverhalten zur Rechenschaft gezogen werden. Dabei ist nicht die Bestrafung für Fehlverhalten in den Vordergrund zu stellen, sondern der Präventivgedanke, in Zukunft gleiche Fehler zu vermeiden. Das Aufdecken der Unwirtschaftlichkeiten, aber auch der „normalen" Fehler im Bereich der Finanzwirtschaft, ist eine selbstverständliche Aufgabe, die der Staat in

seiner Verantwortung gegenüber seinen Einwohnern und Bürgern wahrzuneh-
men hat. Sie wird nach den einschlägigen Bestimmungen des Grundgesetzes, der
Landesverfassungen und der gesetzlichen Regelungen zunächst durch das Organ
durchgeführt, dem auch das Budgetrecht zusteht. Dies sind auf Staatsebene die
Parlamente, auf unterstaatlicher Ebene die Räte, Stadtverordnetenversammlungen,
Kreistage pp. Regelmäßig sind diese Organe weder qualitativ noch quantitativ in
der Lage zu überprüfen, ob die den Haushaltsplan ausführende Verwaltung im
Laufe eines Haushaltsjahres den bestehenden Gesetzen und Regelungen entsprechend gewirtschaftet hat. Diese Organe bedienen sich bei ihrer Haushalts- und Finanzkontrolle Profis. Es handelt sich hierbei um

– den Bundesrechnungshof auf der Ebene des Bundes

– die Landesrechnungshöfe auf der Ebene der Bundesländer

– die Rechnungsprüfungsämter auf der Ebene der Kreise, kreisfreien Städte und
   kreisangehörigen Gemeinden.

   Daneben gibt es mit den bei der Kommunalaufsicht installierten Gemeindeprü-
fungsämtern (oder Gemeindeprüfungsanstalten, die für alle Gemeinden im Bun-
desland zuständig sind) eine weitere Prüfungsinstanz, die auf unterer staatlicher
Ebene tätig wird, aber andere Aufgaben und Zuständigkeiten als der Landesrechnungshof und das örtliche Rechnungsprüfungsamt besitzt. Im Neuen Kommunalen Haushaltsrecht (NKF) NRW wird den Rechnungsprüfungsämtern die Möglichkeit eröffnet, nach Zustimmung des Rechnungsprüfungsausschusses, Dritte
mit der Prüfung des Jahresabschlusses zu beauftragen. Ob das ein anderes RPA,
die GPA oder auch eine Wirtschaftsprüfungsgesellschaft ist, hat die GO offen ge-
lassen. Somit gibt es auch hier die Möglichkeit der „Privatisierung", und damit die
faktische Übertragung der Finanzkontrolle auf die private Wirtschaft. Ob das mit
dem Demokratiegedanken in Einklang zu bringen ist, wonach die Gemeinden sich
durch ihre Organe verwalten, mag dahingestellt bleiben.

5   Die institutionalisierte Haushalts- und Finanzkontrolle in Deutschland entspricht dem föderativen Staatsaufbau der Bundesrepublik Deutschland. Daneben
existiert eine nicht institutionalisierte Kontrolle, die übergreifend und nicht auf
einzelne Bereiche des Staates beschränkt ist. So erfolgt Haushalts- und Finanzkontrolle im weitesten Sinne auch durch Interessenverbände und Medien, deren
primäre Aufgabe es nicht ist, das gesamte Haushaltsgebaren der Verwaltung zu
durchleuchten. Die von ihnen ausgeübte Finanzkontrolle ist i. d. R. auf spektakuläre Darstellungen von Misswirtschaften ausgerichtet. Vorrangig ist hier der Bund
der Steuerzahler zu nennen, aber auch die Medien haben ein eigenständiges Interesse, die Bevölkerung über staatliches Handeln zu informieren.

6   Kontrolle der Verwaltung ist nicht neu. Gewandelt hat sich im Laufe der
Zeit das mit der Kontrolle beabsichtigte Ziel. So hat von Arnim in der Broschüre „Wirksamere Finanzkontrolle bei Bund, Ländern und Gemeinden" darauf hin-

gewiesen, dass im 18. Jahrhundert die Rechnungshöfe und -kammern zunächst als Hilfsorgane des Monarchen entstanden sind, die ihm direkt berichteten. Ihre Aufgabe war es festzustellen, ob die Haushaltsmittel sachgerecht, d. h. im Interesse des Staatsoberhauptes verwendet worden waren. Erst im Laufe des 19. Jahrhundert setzten die Parlamente durch, dass die Berichte auch an sie gingen; eine Errungenschaft, die heute als selbstverständlich angesehen wird. Wenn das Budgetrecht beim Parlament liegt, ist es geradezu konsequent, dass das Kontrollrecht über die Ausführung des Budgets ebenfalls bei der Volksvertretung liegt. Nach der Haushaltsreform Ende der 60er Jahre und der Änderung des Art. 114 GG berichtet der Bundesrechnungshof unmittelbar dem Bundestag. Gleiche Regelungen finden sich auf Länderebene.

Seit dieser Zeit hat sich auch das Selbstverständnis der Prüfungsinstanzen gewandelt, zumal es auch in Rechtsvorschriften nominiert wurde. Danach sollen die Prüfungsbehörden nicht nur nachträglich beanstanden, sondern die parlamentarischen Gremien umfassend beraten. Dahinter steht die Erkenntnis, dass es wenig Sinn macht, nach ein oder zwei Jahren Beanstandungen zu treffen und die Höhe eines Schadens zu dokumentieren. Viel wichtiger und sinnvoller ist es, im laufenden Entscheidungsprozess auf zu erwartende Unwirtschaftlichkeiten hinzuweisen. Dass es hierbei oftmals zu unangenehmen Stellungnahmen der Prüfungsinstanzen kommt, zeigen die in der Öffentlichkeit behandelten Berichte des Bundesrechnungshofs zum Thema Eurofighter, Transrapid, Privatisierung der Deutschen Bundesbahn oder zu den Baumaßnahmen in Berlin. Hierbei zeigt sich dann, dass derartige Berichte nicht immer erwünscht sind. Auf der anderen Seite waren es gerade die verantwortlichen Politiker im Bundestag und Landtagen, die durch Änderung der geltenden Vorschriften es den Rechnungshöfen ermöglichten, die Parlamente zu beraten. Letztendlich bedeutet die Beratung durch den Bundesrechnungshofs oder die Landesrechnungshöfe nicht, dass durch die Beratung die Parlamente ihrer Entscheidung beraubt werden. Die Vorlage fordert lediglich auf, eine getroffene oder noch zutreffende Entscheidung zu überdenken. Bleiben die Parlamente bei ihrer Auffassung, haben das die Rechnungshöfe zu akzeptieren. Somit sind die Berichte als Unterstützung bei der Entscheidungsfindung anzusehen.

Auf der unterstaatlichen Ebene legen die Rechnungsprüfungsämter ihre Berichte nicht unmittelbar der Volksvertretung, sondern zunächst dem Hauptverwaltungsbeamten zur Stellungnahme vor. Gemeinsam mit seiner Stellungnahme wird der Bericht der Volksvertretung als Entscheidungsgrundlage für die Entlastung des Hauptverwaltungsbeamten vorgelegt. Aber nicht nur die Art und Weise der Vorlage eines Berichts ist anders als auf der staatlichen Ebene geregelt, auch die rechtliche Stellung der gemeindlichen Rechnungsprüfungsämter ist eine andere als die der staatlichen Rechnungshöfe. Die Mitglieder des Bundesrechnungshofs und der Landesrechnungshöfe besitzen die richterliche Unabhängigkeit, sind also bei der Beurteilung von Prüfungsvorgängen ausschließlich dem Gesetz unterworfen. Allerdings werden Präsident und Vizepräsident des Bundesrechnungshofs

7

nicht vom Bundestag gewählt, sondern auf Vorschlag der Bundesregierung vom Bundespräsidenten ernannt. In den einzelnen Bundesländern erfolgt eine Mitwirkung durch die Landtage in unterschiedlicher Art und Weise, die zu erläutern hier zu weit führte.

Anders ist die Situation bei den örtlichen Rechnungsprüfungsämter. Zwar werden der Leiter und die Prüfer von den Räten oder durch den Hauptverwaltungsbeamten aufgrund eines Ratsbeschlusses bestellt, genießen aber keine richterliche Unabhängigkeit. In den einzelnen Bundesländer sind unterschiedliche Regelungen zur Bestellung und Abberufung des Leiters des Rechnungsprüfungsamtes und der Prüfer getroffen. Insbesondere die Regelungen über die Abberufung sind ein Hinweis auf die faktische Unabhängigkeit der Prüfer. Mit am leichtesten ist die Abberufung in Nordrhein-Westfalen; hier genügt ein Ratsbeschluss mit einfacher Mehrheit. Anders dagegen in Baden-Württemberg. Dort ist eine 2/3 Mehrheit des Gemeinderates und zusätzlich die Bestätigung der Gesetzmäßigkeit der Abberufung durch die Aufsichtsbehörde erforderlich, um den Leiter eines Rechnungsprüfungsamtes abzuberufen.

Ein weiterer Unterschied zum Bundesrechnungshof oder den Landesrechnungshöfen besteht darin, dass die Rechnungsprüfungsämter nach den Bestimmungen der Gemeindeordnungen nicht die Aufgabe haben, die Räte oder den Hauptverwaltungsbeamten im Vorfeld von prüfungsrelevanten Entscheidungen zu beraten. Ihre Kernaufgabe besteht darin, nach Ablauf des Haushaltsjahres die finanzwirtschaftlichen Vorgänge zu untersuchen und gegebenenfalls zu beanstanden. Gerade vor dem Hintergrund der Diskussionen um die neuen Steuerungsmodelle, verbunden mit der gegenwärtigen finanziellen Situation der meisten Gemeinden, wird sich die Aufgabe der kommunalen Rechnungsprüfungsämter zu mehr Beratung wandeln müssen. Es ist nämlich nicht einzusehen, dass Schadenseintritte nach Ablauf eines Jahres beanstandet werden und Möglichkeiten der Schadensverhinderung nicht genutzt werden. Allerdings handelt es sich bei dieser frühzeitigen Beratung nicht um Controlling. Soweit die kommunale Rechnungsprüfung ausschließlich durch einen Rechnungsprüfungsausschuss erfolgt, ist eine begleitende in der Regel nicht möglich. In diesem Fall wird die Prüfung nur nachgängig erfolgen können.

2. Rechnungsprüfung und Controlling

8   In der letzten Zeit werden verstärkt moderne Leitungs- und Steuerungsinstrumente in der Kommunalverwaltung nicht mehr nur diskutiert, sondern in vielen Gemeinden bereits eingesetzt, wobei hier der Begriff „Neue Steuerungsmodelle" durch den Begriff der „Verwaltungsmodernisation" verdrängt wird. Vom so genannten „Tilburger-Modell" wird heute kaum noch gesprochen.

Kennzeichnend für die Überlegungen ist, dass in die Kommunalverwaltung mehr Marktwirtschaft zu Lasten der klassischen – immer noch preußischen – Hoheitsverwaltung hineingebracht werden soll. Im Rahmen der marktwirtschaftlichen Betrachtungsweisen taucht regelmäßig der Begriff des „Controlling" auf, der für die Kommunalverwaltung zu definieren ist.

Der Begriff Controlling stammt aus der amerikanischen Management-Lehre und hat mit der Kontrolle im Sinne der Prüfung, wie sie von einem Rechnungsprüfungsamt oder der Revisionsabteilung eines privatwirtschaftlich orientierten Unternehmens wahrgenommen wird, so gut wie nichts gemeinsam. Das englische Wort „to control" ist mit „lenken, steuern, leiten" zu übersetzen. Während die Prüfung nachgängig stattfindet, also abgeschlossene Vorgänge auf Rechtmäßigkeit, Ordnungsmäßigkeit, Zweckmäßigkeit und Wirtschaftlichkeit untersucht, ist das, was mit dem Begriff des Controlling verbunden wird, als Begleitung der Handlungen und Entscheidungen im Rahmen des strategischen und operativen Managements zu beschreiben. Controlling ist dadurch gekennzeichnet, dass Vorgänge während der Planung und Realisation stets kritisch begutachtet werden. Controlling hat also etwas mit Unternehmensplanung und Produktplanung zu tun und ist ein Hilfsmittel, das die Entscheidungen der Unternehmensführung (in Kommunalverwaltungen ist das der Hauptverwaltungsbeamte) hinterfragen und damit sicherer gestalten soll.

Hierbei wird grundsätzlich zwischen strategischen und operativen Controlling 9 unterschieden. Strategisches Controlling hat die Aufgabe zu hinterfragen, welche Aufgaben die richtigen sind; operatives Controlling hinterfragt, ob die Aufgaben richtig erledigt werden.

Um die Aufgabe „Controlling" optimal erfüllen zu können, sind drei Schwerpunkte zu bilden. Zum einen handelt es sich um das Finanzcontrolling, das die Aufgaben hat,

1. Werte der Vergangenheit aufzuarbeiten und zu analysieren,

2. ausgehend von den Werten der Vergangenheit und den aktuellen Istwerten zu prognostizierten, ob die Jahresplanung eingehalten werden wird,

3. bei erkennbaren Abweichungen von der Jahresplanung den Finanzverantwortlichen in der Kommune Anhaltspunkte für strategische Entscheidungen zu geben,

4. aus den Ergebnissen die Schlüsse zu ziehen, um notwendige Innovationen in der Verwaltung zu realisieren,

5. sicherzustellen, dass zwischen den Querschnittsämtern oder -bereichen einerseits und den Fachbereichen anderseits mit möglichst geringem Ressourceneinsatz und wenig Reibungsverlusten die den Fachbereichen obliegenden Aufgaben optimal (sprich: wirtschaftlich) erfüllt werden

und so der Verwaltungsführung die notwendigen Informationen zur Verfügung stellt, damit die vom Rat festgelegte Ziele optimal erreicht werden können. Das

Optimum richtet sich nach dem Minimalprinzip der Wirtschaftlichkeit, was bedeutet, dass mit möglichst geringem Ressourceneinsatz eine bestimmte, vorher vom Rat definierte Aufgabe erfüllt wird.

10   Beim zweiten wichtigen Bereich des Controllings handelt es sich um das Personalcontrolling, das die Aufgabe hat zu prüfen, ob Mitarbeiter wirtschaftlich eingesetzt werden. Ausgehend davon, dass die Personalkosten eines Mitarbeiters im gehobenen Dienst pro Jahr rund 65.000 € betragen, erfordert die Bezahlung eines einzigen Mitarbeiters während seiner mindestens 40-jährigen Beschäftigungsdauer einen Aufwand von rund 2 ½ Millionen €. Diese Zahl vor Augen zeigt sich, wie dringend notwendig ein Personalcontrolling ist; bisher hat sich dieser Erkenntnis in den Verwaltungen noch nicht überall durchgesetzt. Man kann auch ohne weiteres zugestehen, dass dieser Teil des Controlling der qualitativ anspruchsvollste ist.

Beim dritten Bereich, der einen erheblichen finanziellen Aufwand erfordert, handelt es sich um das Bauinvestitionscontrolling. Für den Bereich der kommunalen Bauvorhaben hat die KGSt im Jahr 1985 einen Bericht mit dem Titel „Bauinvestitionscontrolling zur Vermeidung von Baukostenüberschreitungen und unwirtschaftlichen Bauen" herausgegeben. Danach dient Bauinvestitionscontrolling dazu, Baukostenüberschreitungen und unwirtschaftliches Bauen zu vermeiden, indem die typischen sieben kommunalen Planungssünden verhindert und/oder in ihren Auswirkungen gemildert werden.

Als Planungssünden führt der Bericht auf:

1. Mängel in der Programmdefinition

2. Mängel in der Kostenermittlung

3. Zeitdruck, mangelhafte Terminplanung

4. Technische Planungsmängel

5. Unklare Führungsverantwortung, Fehler in der Koordination

6. Mangelnde Kontrolle

7. Politische Einflüsse

Mit Hilfe des Bauinvestitionscontrolling soll sichergestellt werden, dass den politischen Entscheidungsgremien sämtliche notwendigen Daten vor ihrer Entscheidung über eine ganz bestimmte Baumaßnahme zur Verfügung gestellt werden können, damit sie die Möglichkeit haben, angesichts der vorhandenen knappen Mittel zu entscheiden, welche der Maßnahmen durchgeführt werden soll. Für die Kommunalverwaltung sind die mit dem Controlling einzuführenden Steuerungsmechanismen neu. Anders als in privatwirtschaftlichen Unternehmen, die regelmäßig gewinnorientiert arbeiten, gab es für Kommunalverwaltungen bisher kaum die Notwendigkeit, Entscheidungen unter betriebswirtschaftlichen Gesichtspunkten zu treffen. Erst die knappen Kassen und das permanente Aufstellen von Haushaltssicherungskonzepten in den letzten Jahre zwingen zu einem Umdenken.

Nach wie vor ist es überwiegende Aufgabe der Kommunalverwaltungen, ho-   *11*
heitliche Tätigkeiten wahrzunehmen. Wirtschaftliche Fragen standen bisher – und
stehen z.T. auch heute noch – im Hintergrund. Dies mag zum einen daran liegen,
dass keine Übung darin besteht, sich als ökonomisch handelnde Organisation zu
verstehen, zum anderen wird seitens der Verwaltungsspitzen gerne verschwiegen,
dass bereits das heute geltende kommunale Haushaltsrechts eine große Zahl betriebswirtschaftlicher Steuerungsmöglichkeiten vorsieht. An die mit großer Wahrscheinlichkeit kommende Reform des kommunalen Haushaltsrechts, verbunden
mit der Einführung eines doppischen Buchungssystems, werden große Erwartungshaltungen geknüpft. Abweichend von der großen Mehrheit der Haushalts-
rechtler vertritt der Verfasser nach wie vor die Meinung, dass eine Umstellung keinen wirtschaftlichen Vorteil bringt und im Übrigen viel Geld kosten wird. Bestes
Beispiel sind die kommunalen Krankenhäuser, die – obwohl sie seit Jahren nach
den Regeln der doppelten kaufmännischen Buchführung die Finanzgeschäfte ab-
wickelten – regelmäßig Defizite erwirtschaftet haben. Unabhängig davon wird
sich die doppelte kaufmännische Buchführung als Standardrecht durchsetzen und
ist somit auch von den kommunalen Rechnungsprüfungsämtern zu prüfen.

Die Ursachen für die mangelnde Übung im Umgang mit betriebswirtschaftlichen Instrumenten sind leicht nachzuvollziehen. Nach wie vor besteht die Ausbildung der Nachwuchskräfte des mittleren oder gehobenen Dienst darin, Normen
kennenzulernen und anzuwenden. Überwiegend werden Rechtsfächer gelehrt, nur
am Rande wird das Fach „Betriebswirtschaft in öffentlichen Verwaltungen" un-
terrichtet, obwohl es zwischenzeitlich auch den Lehrgang Verwaltungsbetriebs-
wirtschaft für die Ausbildung des gehobenen Dienstes gibt. Dennoch stehen beim
Handeln der jungen Beamten wirtschaftliche Überlegungen nicht im Vordergrund.
Gleiches gilt auch für Juristen. Wenn die Ordnungsbehörde tätig wird, um eine
gegenwärtige Gefahr abzuwehren, spielt eine Überlegung nach wirtschaftlichem
Vorgehen keine Rolle. Die Gefahrenabwehr hat absoluten Vorrang. Völlig übersehen wird dabei, dass auch das Ordnungsamt ein Betrieb im betriebswirtschaftlichen Sinne ist, dem allerdings nicht das Gewinnstreben, sondern die Dienst-
leistungsaufgabe „Sicherheit für die Bürger" als unternehmenspolitisches Ziel
vorgegeben ist. Es gibt keinen vernünftigen Grund, der zu der Annahme berechtigte, dass auch ein Ordnungsamt nicht mit betriebswirtschaftlichen Methoden geführt werden kann.

Folgendes Beispiel soll verdeutlichen, dass auch ein Ordnungsamt unterneh-   *12*
merische Leistungen erbringt, die am Markt (sprich: beim Bürger) verkauft werden können und dass ein Ordnungsamt viel für die Reputation einer Stadtverwaltung tun kann; es zeigt auch, dass den Ordnungsämtern anderer Gemeinden
Konkurrenz gemacht werden kann. Nicht umsonst stellen die Ordnungsämter und

Einwohnermeldeämter heute den Kernbereich der Bürgerbüros dar. Allerdings ist es nicht damit getan, in den Bürgerbüros die bisherigen Aufgaben der Ordnungsämter, Einwohnermeldeämter, der Steuerämter und gegebenenfalls der Stadtkasse zu konzentrieren. Vielmehr ist es erforderlich, durch Arbeitsabläufe ein neues Verhalten zum Kunden (Bürger) zu dokumentieren.

Hierzu ein Beispiel: Bürger wollen ein Sommerfest/Straßenfest durchführen. Im Normalfall führt der erste Weg des Organisators zum Ordnungsamt, wo er erfährt, welche Anträge er wo stellen muss. Ist die Verwaltung bereits gut organisiert und arbeitet auch schon geringfügig kundenorientiert, wird er ein Merkblatt und die erforderlichen Antragsvordrucke erhalten. Dann wird er bei den entsprechenden Ämtern (Straßenverkehrsamt, Tiefbauamt) vorsprechen müssen, um seine Anträge zu stellen.

Kundenorientiert würde es ausreichen, wenn er beim Ordnungsamt (das auch ein Bürgerbüros sein kann) einen einzigen Antrag, etwa mit folgendem Wortlaut: „Für das Straßenfest am...... in der ....Straße beantrage ich alle erforderlichen Genehmigungen", zu stellen brauchte. Es ist dann Aufgabe des Ordnungsamtes, die entsprechenden Antragsvordrucke auszufüllen und an die zuständigen Ämter weiterzuleiten.

13   Gleiches gilt z. B. auch für das Sozialamt, für die Feuerwehr, für die Liegenschaftsämter und alle anderen Bereiche einer Kommunalverwaltung. Das Produzieren einer Idee, wie der Bürgerservice verbessert werden kann, ist keine Aufgabe eines Rechnungsprüfungsamtes, sondern eher der Steuerung und hierbei dem Controlling zuzurechnen. Controlling ist also nicht nur Berichtswesen und Aufarbeiten von Finanzzahlen, sondern konkretes Überlegen, wie die Situation des Bürgers und damit des Kunden verbessert wird. Natürlich gehört auch dazu, im Wege der Vorausschau zu ermitteln, wie hoch die Kosten der neuen Vorgehensweise sind und ob es Möglichkeiten gibt, die entstehenden Kosten möglichst weit zu reduzieren.

An einem weiteren Beispiel wird deutlich, dass Controlling nicht nur das Aufarbeiten von Zahlen darstellt. Zur Steuerung eines Unternehmens oder einer Verwaltung gehört es auch, Mitarbeiter entsprechend ihrer Befähigung und Leistung einzusetzen. Ob die Mitarbeiter entsprechend eingesetzt worden sind, ergibt sich aus den Feststellungen des Controllings im Personalbereich. Diese Aufgabe obliegt in erster Linie den unmittelbaren Vorgesetzten. Wenn Vorgesetzte im Nachhinein die Arbeitsweise und -ergebnisse von Mitarbeitern kontrollieren, erfolgt die Kontrolle bisher nicht oder nur kaum unter wirtschaftlichen Überlegungen. Kontrolle der wirtschaftlichen Handlungsweise ist keine Aufgabe, die von ihrem Typ her zunächst der Verwaltung zugeordnet wird. Eher findet man diesen Begriff im Bereich der wirtschaftlich handelnden Unternehmen.

Auch der neue Tarifvertrag für den öffentlichen Dienst (TVöD) spricht die Wirtschaftlichkeit nicht expressis verbis an. Eine Regelung wie § 8 (2) BAT sie vorsah, dass der Mitarbeiter bei für ihn erkennbaren rechtswidrigen Anordnungen verpflichtet war zu remonstrieren, sieht der TVöD nicht mehr vor. Lediglich werden in § 41 allgemeine Pflichten beschrieben, wonach der Mitarbeiter verpflichtet ist, seine geschuldete Leistung gewissenhaft und ordnungemäß zu erbringen. Wie sich die Eingruppierung darstellen wird, lässt sich noch nicht sagen. In der Übergangszeit ist weiterhin § 22 BAT anzuwenden, der sich in der Vergangenheit als kostentreibend erwiesen hatte. Danach war der Angestellte in die Tarifgruppe eingruppiert, deren Tätigkeitsmerkmale er wahrnahm. Dabei kam nicht auf die Güte der Arbeit, sondern nur auf die Tatsache, dass sie gemacht wurde, an. Der schlecht arbeitende Mitarbeiter konnte also durchaus einen Anspruch auf höhere Vergütung haben, auch wenn man unter ökonomischen Gesichtspunkten geradezu das Gegenteil erwartet hätte.

Zwangsläufig findet sich eine Beschreibung der Kontrollfunktionen fast ausschließlich in der betriebswirtschaftlich orientierten Literatur, vorzugsweise unter den Stichworten   *14*

– Unternehmensführung,

– Mitarbeiterführung,

– Organisation.

Aber auch unter den Stichworten „Unternehmensplanung, Produktplanung" lassen sich Darstellungen mit dem Thema „Controlling" finden, in der Regel aber keine Darstellungen zum Thema „Revision". Dies ist auch logisch und folgerichtig, da Kontrolle eine typische Aufgabe eines Vorgesetzen ist, der seine Mitarbeiter in der Linie zu kontrollieren hat. Prüfung dagegen steht immer neben der Linienorganisation, unabhängig, ob sie von außen (etwa in Gestalt eines Wirtschaftsprüfers) oder von innen (als Innenrevision oder bei großen Aktiengesellschaften als Konzernrevision) auftritt.

Damit sind die wesentlichen Zuordnungsfragen der Unternehmensaufgaben „Prüfung" oder auch „Revision" und „Controlling" dem Grunde nach geklärt. Beide Aufgaben beinhalten die Begriffe

– Überwachung

– Kontrolle

– Prüfung.

Rechnungsprüfung oder Revision findet nachgängig und außerhalb einer Vorgesetztenfunktion statt. Sie untersucht abgeschlossene Vorgänge auf

– Rechtmäßigkeit

– Ordnungsmäßigkeit

– Zweckmäßigkeit

– Wirtschaftlichkeit

und schließt hierbei auch die Vorgesetzten in ihrer jeweiligen Linie mit ein. Das bedeutet, dass die Prüfung auch hinterfragen darf, ob Vorgesetzte ihrer Steuerungsfunktion und Kontrollfunktion nachgekommen sind. Gerade letzteres dürfte bei vielen Vorgesetzten auf Unbehagen stoßen. Dabei ist die kritische Frage an einen Vorgesetzten, wie er seine Kontrollen gegenüber seinen Mitarbeitern ausgeübt habe, aus seiner objektiven Sicht positiv (was er aber aufgrund seiner subjektiven Sicht zunächst nicht erkennen wird). Nach § 357 (2) StGB kann ein vorgesetzter Amtsträger wie ein korrupter Mitarbeiter bestraft werden, wenn der Chef seine Kontrollen nicht oder nicht ordnungsgemäß durchgeführt hat.

15   Nach Wöhe, Einführung in die Allgemeine Betriebswirtschaftslehre, ist es Ziel der Prüfung, vorbeugend zu wirken und die überwachte Person zu vorschriftsmäßigem Handeln anzuhalten und Abweichungen von den Zielvorgaben herauszustellen. Typischerweise unterliegen abgeschlossene Vorgänge der Prüfung. Sie umfassen das gesamte Entscheidungsspektrum des Betriebes mit Ausnahme der obersten Entscheidungshierarchie. Dies ist – für die Privatwirtschaft – logisch und folgerichtig. Unternehmerische Entscheidungen des Unternehmensinhabers oder der Vorstandes einer Aktiengesellschaft sind im Sinne der o. g. Definition nicht prüfbar. Der Prinzipal eines Einzelunternehmens ist berechtigt, nach eigenem Gusto Entscheidungen zu treffen, ohne sich dafür rechtfertigen zu müssen. Seine eigenen unternehmenspolitischen Entscheidungen muss er ausschließlich vor sich rechtfertigen. Ähnliches gilt für den Vorstand einer Aktiengesellschaft. Dieser ist nach dem AktG höchstens dem Aufsichtsrat gegenüber Rechenschaft schuldig, kaum der Hauptversammlung, erst recht nicht der eigenen Konzernrevision.

Im Bereich der staatlichen Rechnungsprüfung gilt diese aus der Privatwirtschaft kommende Einschränkung nicht. Tatsächlich hat der Bundesrechnungshof oft Aussagen zu politisch brisanten Themen getroffen, die letztendlich zu gesetzgeberischen Maßnahmen führten. So ist auch die Einführung der Zinsabschlagssteuer auf seine permanente Beanstandung, dass die Höhe der Zinsgutschriften der Banken und Sparkassen einerseits und die tatsächliche Versteuerung der Zinseinnahmen andererseits weit auseinanderklaffte, zurückzuführen.

Auch kommunale Rechnungsprüfung hat ein Recht auf umfassende und nicht beeinflussbare Prüfung. Besonders deutlich wird die der Prüfung in den Gemeinden, die über kein eigenes Rechnungsprüfungsamt verfügen und wo die Prüfung durch den Rechnungsprüfungsausschuss erfolgen muss. Selbstverständlich steht es dem Rechnungsprüfungsausschuss zu, auch die Entscheidungen zu hinterfragen, die die Verwaltungsspitze oder sogar der Rat selbst getroffen hat.

Im Gegensatz zur Prüfung ist Controlling streng zukunftsorientiert. Aufgabe des Controlling ist es, auf Grundlage vorhandener Daten zu untersuchen, wie sich bestimmte Abläufe künftig entwickeln werden und später zu analysieren, ob die so prognostizierten Ergebnisse eingetroffen sind, oder ob es Abweichungen gibt. Erforderlich ist also, über eine klare Vorausschau zu verfügen und nach Abschluss der Periode die Ergebnisse in einem Berichtswesen darzustellen. Die klare Vorausschau ergibt sich im Regelfall durch Plankostenrechnungen, Folgekostenberechnungen oder Wirtschaftlichkeitsuntersuchungen gemäß § 10 GemHVO bzw. § 14 GemHVO NRW (NKF) oder durch entscheidungstheoretische Hilfsmittel; das Berichtswesen ist ein „Abfallprodukt" der Kosten- und Leistungsrechnung. Controlling liefert dem Entscheider die notwendigen Steuerungsinformationen, wobei seine Verantwortlichkeit bestehen bleibt. Daran wird auch deutlich, dass Controlling niemals Aufgabe eines Rechnungsprüfungsamtes sein kann: Entscheidungen zu treffen ist eine typische Aufgabe des Bürgermeisters und seiner Verwaltung, die Richtigkeit der Entscheidung zu prüfen eine des Rechnungsprüfungsamtes.

Auch wenn Einzelunternehmer oder alleinige Gesellschafter einer juristischen *16* Person des Privatrechts nicht rechenschaftspflichtig gegenüber der eigenen Prüfungsinstitution sind, neigen sie aus dem Bestreben nach Gewinnmaximierung heraus dazu, Entscheidungen zu treffen, die positive Ergebnisse für ihr Unternehmen mit sich bringen. Unternehmerische Entscheidungen lassen sich oftmals aus den Erfahrungen der Vergangenheit treffen – aber nicht immer. In den Fällen, in denen keine Erfahrungswerte vorliegen oder neue Umweltzustände eingetreten sind, müssen andere Methoden herangezogen werden. Eingriffe bereits während des Planungsstadium neuer Maßnahmen sind notwendig, um die für Führungskräfte erforderliche Entscheidungstransparenz zu schaffen. Hierbei handelt es sich um so genannte Nutzen-Kosten-Untersuchungen und Folgekostenberechnungen, die im Bereich der öffentlichen Haushalte nach den einschlägigen Bestimmungen des Bundes-, Landes- oder Gemeindehaushaltsrechts vor Veranschlagung einer Maßnahme durchzuführen sind. Nach § 10 GemHVO bzw. § 14 GemHVO NRW (NKF) ist Voraussetzung für den Beschluss über Investitionen von erheblicher finanzieller Bedeutung bzw. von Investitionen oberhalb der vom Rat festgelegten Wertgrenzen der Vergleich der Anschaffungs- oder Herstellungskosten und der Folgekosten, um die für die Gemeinde wirtschaftlichste Lösung zu ermitteln. Für die Veranschlagung von Haushaltsmitteln ist zwingende Voraussetzung, dass Pläne, Kostenberechnungen und Erläuterungen, aus denen die Art der Ausführung, die Kosten der Maßnahme, des Grunderwerbs und der Einrichtung sowie die voraussichtlichen Jahresraten unter Angabe der Kostenbeteiligung Dritter und ein Bauzeitenplan im Einzelnen ersichtlich sind, vorliegen. Die Durchführung derartiger Berechnungen ist eindeutig Aufgabe des Controlling. Der Ablauf könnte sich wie folgt gestalten:

1. Im einem Fachbereich wird eine neue Aufgabe definiert. Dies gehört zu den normalen „Kreativ-Aufgaben" des Managements. Controlling macht es erforderlich, dass der Grund für den Handlungsbedarf definiert wird (ist die neue Aufgabe überhaupt erforderlich und notwendig?) und dass festgelegt wird, welche Ziele mit der neuen Aufgabe erreicht werden sollen.

2. Entsprechend § 10 GemHVO bzw. § 14 GemHVO NRW (NKF) sind Alternativen zu überlegen, ggf. haben Ausschüsse des Rates Qualitätsstandards festzulegen, erste grobe Schätzungen hinsichtlich der Kosten sind vorzulegen.

3. Nach entsprechendem Grundsatzbeschluss in der Politik ist die Detailberechnung gemäß § 10 GemHVO bzw. § 14 GemHVO NRW (NKF) durchzuführen. Ist die Maßnahme finanzierbar und politisch gewollt, wird der Rat den entsprechenden Durchführungsbeschluss fassen; das Projekt ist dann zu realisieren.

4. Während der gesamten Abwicklung des Projektes ist zu berichten, ob die ursprünglichen Vorstellungen und Kosten im Rahmen des Beschlusses liegen oder ob Abweichungen auftreten, die ein sofortiges Gegensteuern erfordern. Nach Abschluss des Projekts wird die Maßnahme als Aufgabe (Produkt) weitergeführt; durch Kosten- und Leistungsrechnung und einem entsprechenden Berichtswesen ist dem Rat und den Finanzverantwortlichen innerhalb der Gemeindeverwaltung gegenüber zu dokumentieren, ob sich die ursprünglichen Angaben hinsichtlich der Notwendigkeit und Zweckmäßigkeit der Maßnahme einerseits und der Höhe der Kosten andererseits bestätigt haben.

17 Hier schließt sich der Kreis zur kommunalen Rechnungsprüfung durch den Rechnungsprüfungsausschuss oder das Rechnungsprüfungsamt. Im Rahmen seiner Aufgabenstellung hat die Prüfung zu überwachen, ob haushaltsrechtliche Vorschriften materiell und formell eingehalten werden. Das bedeutet, dass im Rahmen der kommunalen Rechnungsprüfung zu untersuchen ist, ob vor Veranschlagung von Haushaltsmitteln in bestimmten Fällen Controllingmaßnahmen durchgeführt worden sind. Prüfung untersucht also, ob Controlling richtig funktioniert und ob es seine Aufgaben erfüllt hat. Damit unterliegt Controlling genauso wie jeder andere Aufgabe innerhalb einer Kommunalverwaltung der Prüfung durch das Rechnungsprüfungsamt. Aus den Ergebnissen der Prüfungen in lassen sich für die Zukunft Erkenntnisse gewinnen, insbesondere, ob Controlling richtig gestaltet wurde oder ob durch Änderungen Controlling und damit Steuerung verbessert werden kann.

3 Öffentlichkeit kommunaler Finanzkontrolle

18 Im Rahmen der Aufstellung des Haushaltsplanes ist der Entwurf an mehreren Tagen öffentlich auszulegen, damit interessierte Einwohner und Abgabepflichtige die Möglichkeit haben, Einwendungen gegen den Entwurf zu erheben und Anregungen abzugeben. Die Frist hierzu wurde im Gesetzgebungsverfahren NRW von sieben Tagen auf die Dauer des Beratungsverfahrens im Rat neu festgelegt; in einem Zeitraum von 14 Tagen können Einwohner und Abgabepflichtige Einwendungen erheben. Nach Verabschiedung der Haushaltssatzung wird diese ebenfalls für den genannten Kreis der Interessierten öffentlich ausgelegt; hierzu sehen die Gemeindeordnungen eine Frist von 7 Tagen bis zum Ende der Auslegung des Jahresabschlusses vor. Gleiches galt für die kamerale Jahresrechnung. Seit der Reform des Gemeindeverfassungsrechts im Jahre 1994 in Nordrhein-Westfalen wurden die Schlussberichte der Rechnungsprüfungsämter über die Prüfung der Jahresrechnung zwar nach wie vor im Rechnungsprüfungsausschuss nicht-öffentlich behandelt; eine Information der Öffentlichkeit findet zu diesem Zeitpunkt nur in einem leicht erweiterten Umfang statt. Im Rahmen des Beschlusses über die Entlastung des Hauptverwaltungsbeamten wird der Schlussbericht des Rechnungsprüfungsausschusses im Rat diskutiert, der aber wenig Informationen über das Geschehen des abgelaufenen Jahres gibt. Lediglich wenn der Schlussbericht des Rechnungsprüfungsausschusses vom Ergebnis der Prüfungen des Rechnungsprüfungsamtes abweicht, ist die gegenteilige Auffassung des Rechnungsprüfungsamtes gemäß VV zu § 101 GO NRW dem Rat zur Kenntnis zu geben, so dass eine unmittelbare Beratung des Schlussberichts des Rechnungsprüfungsamtes im Rat erfolgen kann.

Die bis zum Inkrafttreten des NKF geltenden Regeln sahen vor, dass der *19* Schlussbericht in NRW in einen allgemeinen und einen gesonderten Berichtsband zu gliedern ist. Die Einwohner oder Abgabepflichtigen waren nach der Erteilung der Entlastung zur Einsichtnahme in den allgemeinen Berichtsband berechtigt. Mit dem neuen Haushaltsrecht wurden diese Bestimmungen ersatzlos gestrichen. Der Jahresabschluss erhält einen Bestätigungsvermerk; mit der Veröffentlichung des Jahresabschlusses wird auch der Bestätigungsvermerk veröffentlicht. Eine Einsichtnahme in den Bericht ist nicht mehr vorgesehen.

In Niedersachsen hat die Öffentlichkeit auch im NKF die Möglichkeit zur Einsichtnahme in den Schlussbericht. Nach § 120 Abs. 4 NGO ist der um die Stellungnahme der Bürgermeisterin oder des Bürgermeisters ergänzte Schlussbericht des Rechnungsprüfungsamts frühestens nach seiner Vorlage im Rat an sieben Tagen öffentlich auszulegen; die Auslegung ist öffentlich bekanntzumachen. Dabei sind die Belange des Datenschutzes zu beachten. Die Gemeinde gibt Ausfertigungen des öffentlich ausgelegten und um die Stellungnahme der Bürgermeisterin oder des Bürgermeisters ergänzten Schlussberichts gegen Kostenerstattung ab.

Das Land Rheinland-Pfalz hat eine Regelung für die überörtliche Prüfung getroffen. Nach § 110 Abs. 5 GemO sind im Anschluss an die Unterrichtung des Gemeinderats über das Ergebnis einer überörtlichen Prüfung gemäß § 33 Abs. 1 die Prüfungsmitteilungen und eine etwaige Stellungnahme der Gemeindeverwaltung an sieben Werktagen öffentlich auszulegen. Eine Regelung zum Bericht des örtlichen Rechnungsprüfungsamtes trifft die GemO nicht.

Damit ist eine Forderung, die der Bund der Steuerzahler schon vor über 20 Jah- *20* ren (von Arnim, Die Öffentlichkeit kommunaler Finanzkontrollberichte als Verfassungsgebot) aufgestellt hatte, nämlich die Berichte der Rechnungsprüfungsämter über die Prüfung der Jahresrechnung der Öffentlichkeit zugänglich zu machen zumindest noch in Niedersachsen erfüllt. Die Berichte der Gemeindeprüfungsämter über die überörtliche Prüfung sind dagegen nach wie vor nicht zur Veröffentlichung vorgesehen – Ausnahme: Rheinland-Pfalz. Die Erfahrungen in der Vereinigung der Leiter der RPÄ in den kreisangehörigen Städten der Regierungsbezirke Köln, Düsseldorf und Münster zeigen aber, dass die Bürger von dieser

Möglichkeit zur Einsichtnahme so gut wie keinen Gebrauch gemacht haben. Es lässt sich also feststellen: Wenn eine öffentliche Angelegenheit der Öffentlichkeit ohne Restriktionen zugänglich ist, interessiert sich niemand für diese Angelegenheiten, selbst diejenigen nicht, die die Forderung vehement vertreten haben..

Weiterhin sind Berichte, die das Rechnungsprüfungsamt auf besondere Veranlassung oder im Rahmen des normalen jährlichen Prüfplans durchführt, nicht der Öffentlichkeit zugänglich. Auch Stellungnahmen bzw. Beratungen des Rechnungsprüfungsamtes werden nicht publiziert. Auch hierin unterscheidet sich die Tätigkeit des Rechnungsprüfungsamtes von der der staatlichen Rechnungshöfe. Angesichts des geringen Interesses der Öffentlichkeit an der Einsichtnahme in die Berichte über die Prüfung der Jahresrechnung kann zu Recht bezweifelt werden, ob an andere Berichte ein größeres Interesse besteht.

Die noch in der 1. Auflage dieses Werkes gestellte Frage nach einer Neugestaltung der Berichte, wenn die Schlussberichte veröffentlicht werden müssen, erwies sich in der Praxis als gegenstandslos. Der Vergleich von mehreren Berichten verschiedener Rechnungsprüfungsämter kreisangehöriger Gemeinden nach neuen Recht mit den Berichten, die zur Zeit des alten Rechts gefertigt worden waren, zeigt, dass die Inhalte im Wesentlichen gleich geblieben sind. Auch hat sich gezeigt, dass der vermutete „Eiertanz" nicht eingetreten ist. Die in Nordrhein-Westfalen vorgeschriebene Trennung in einen allgemeinen und einem gesonderten Berichtsband wird auch immer weniger beachtet; die Rechnungsprüfungsämter gehen davon aus, dass die meisten Angelegenheiten im Rahmen der Prüfung der Jahresrechnung so allgemein gehalten werden können, dass aus Schutzinteressen eine Behandlung in einem gesonderten Berichtsband nicht erforderlich ist.

KAPITEL II
Prüfung durch den Rechnungsprüfungsausschuss

Nach den Gemeindeordnungen der einzelnen Bundesländer sind nicht alle *21* Gemeinden verpflichtet, ein Rechnungsprüfungsamt einzurichten. Die örtliche Rechnungsprüfung ist damit zwangsläufig in den Gemeinden ohne Rechnungsprüfungsamt Angelegenheit desjenigen Gemeindeorgans, dem auch das Budgetrecht zusteht: des Rates. So regelt z. B. § 24 (1) GemO BW, dass der Gemeinderat die Ausführung seiner Beschlüsse überwacht. Nach § 110 (1) GemO Rh.-Pfalz legt der Bürgermeister die Jahresrechnung, die zuvor durch einen Gemeindeausschuss geprüft wurde, dem Gemeinderat zur Prüfung vor. Gemäß § 103 GO Bayern werden die Jahresrechnung und die Jahresabschlüsse der Eigenbetriebe und der Krankenhäuser mit kaufmännischem Rechnungswesen entweder vom Gemeinderat oder von einem Rechnungsprüfungsausschuss geprüft. § 101 KSVG weist die Aufgabe „Prüfung der Rechnung" dem Rechnungsprüfungsausschuss zu, dem nach § 48 Abs. 1 eine besondere Stellung eingeräumt wird: Mit Ausnahme des Rechnungsprüfungsausschuss dürfen andere Ausschüsse zusammengelegt werden. Nach § 36 Abs. 2 GO M-V ist ein Rechnungsprüfungsausschuss zu bilden, dem außerhalb der Prüfungsbestimmungen die Aufgabe zugewiesen wird, die Verwendung der Zuwendungen, die die Fraktionen aus dem Gemeindehaushalt erhalten, zu prüfen. In weiteren Gemeindeordnungen wird die Bildung eines Rechnungsprüfungsausschusses freigestellt, so z. B. § 115 GO Bran.

1. Gesetzliche Grundlagen für die Arbeit des Rechnungsprüfungsausschusses

In den Gemeindeordnungen der meisten Bundesländer wird ein besonderer *22* Ausschuss, der die Jahresrechnung prüft, nicht erwähnt. Damit ist aber nicht ausgeschlossen, dass ein Rechnungsprüfungsausschuss freiwillig eingerichtet wird, um die Kontrollfunktion des Rates zu unterstützen. In Baden-Württemberg kann ein Rechnungsprüfungsausschuss nach § 41 (1) GemO BW als vorberatender Ausschuss gebildet werden. Gleiches sehen § 51 (1) NGO und § 61 (1) HGO vor. Nach § 94 (1) S. 1 SHGO tritt in Gemeinden ohne Rechnungsprüfungsamt an dessen Stelle ein Ausschuss der Gemeindevertretung. In Bayern bildet der Gemeinderat in Gemeinden mit mehr als 5000 Einwohnern gem. Art. 103 (2) GO Bayern aus seiner Mitte einen Rechnungsprüfungsausschuss mit mindestens drei und höchstens sieben Mitgliedern. Er hat gem. Art. 103 (1) GO Bayern die Jahresrechnung und die Jahresabschlüsse der Eigenbetriebe und der Krankenhäuser mit kaufmännischem Rechnungswesen zu prüfen.

Nur in Nordrhein-Westfalen (§ 57 (2) GO NRW), Mecklenburg-Vorpommern (§ 36 (2) GO in Gemeinden mit hauptamtlicher Verwaltung) und im Saarland (§ 48 (1) KSVG) muss ein Rechnungsprüfungsausschuss unabhängig von der Größe der Gemeinde eingerichtet werden. Während der Rechnungsprüfungsausschuss nach der GO NRW bestimmte Aufgaben zu erledigen hat, werden dem Rechnungsprüfungsausschuss nach dem KSVG keine eigene Aufgaben durch Gesetz übertragen. In Rheinland-Pfalz soll nach § 110 GemO Rh.-Pfalz ein Gemeindeausschuss die Jahresrechnung nach den Grundsätzen des § 112 GemO Rh.-Pfalz prüfen. § 112 GemO Rh.-Pfalz beschreibt die Aufgaben des Rechnungsprüfungsamtes. Durch diesen Verweis erhält der Rechnungsprüfungsausschuss ein umfassendes Prüfungsrecht.

In Nordrhein-Westfalen muss unabhängig von der Größe der Gemeinde ein Rechnungsprüfungsauschuss gemäß § 57 (2) GO NRW eingerichtet werden, der nach §§ 59 (3) und 101 (1) GO NRW die Rechnung der Gemeinde zu prüfen hat. Er bedient sich hierbei des Rechnungsprüfungsamtes, soweit ein solches besteht.

23   Die erstgenannte Norm findet sich im 5. Teil der GO NRW, der die Organisation und Aufgaben des Rates regelt und auch so überschrieben ist. Weitere Vorschriften innerhalb des Gemeindeverfassungsrechts als Organisationsrecht finden sich nicht. So knapp die Formulierung auch gehalten ist, so bedeutsam ist sie auch:

1. Der Rechnungsprüfungsausschuss nach der GO NRW ist ein Pflichtausschuss. Er muss neben Hauptausschuss und Finanzausschuss eingerichtet werden.

2. Der Rechnungsprüfungsausschuss ist Organ der Gemeinde. Welche Anforderungen an eine Einrichtung zu stellen sind, um sie als Organ bezeichnen zu können, hat der Verfassungsgerichtshof für das Land Nordrhein-Westfalen bereits am 21. 8. 1954 in dem so genannten Freudenberger Urteil festgelegt. Damals ging es zwar um die Frage, ob der Gemeindedirektor Organ der Gemeinde sei oder nicht; die generellen Aussagen können auch auf die Frage nach der Rechtsqualität des Rechnungsprüfungsausschusses angewandt werden.

Das Urteil verweist in seiner Begründung auf Schönborn, Das Oberaufsichtsrecht des Staates im modernen deutschen Staatsrecht, 1906, S. 36. Es heißt dort: „Staatsorgane sind Personen und Personenmehrheiten, deren Wollen und Handeln in bestimmtem Umfange als Wollen und Handeln des Staates gilt".

Weiter wird in dem Urteil zwischen mittelbaren und unmittelbaren Organen unterschieden. Letztere sind danach „diejenigen, die keinem anderem Organ untergeordnet sind. Sie können nie der Aufsicht, wohl aber der Kontrolle unterliegen. Dabei ist unter Kontrolle im Gegensatz zur Aufsicht zu verstehen, dass bei einem Eingreifen des Kontrolleurs beim Kontrollierten nicht die Rechtspflicht besteht, dem Hinweis nachzugehen. Im Gegensatz hierzu sind mittelbare Organe solche, welche ihre Befugnisse nicht unmittelbar aus dem Gesetz ableiten, sondern von einem anderen Organ, dessen Befehle sie auszuführen haben, dem sie also untergeordnet sind."

In der weiteren Begründung verweist der VGH auf weitere Literatur und kommt zu dem Ergebnis, dass der Gemeindedirektor Organ der Gemeinde ist. Auf einen kleinen Nenner gebracht ist diejenige Institution Organ der Gemeinde,

– die eigene Aufgaben wahrnimmt, ohne dass ein Dritter anordnen bzw. vorgeben darf, wie die Aufgaben wahrzunehmen sind,

– deren Aufgaben von einem Dritten nicht weggenommen werden können,

– die ihre Aufgaben und Befugnisse unmittelbar aus einem Gesetz ableiten kann.

Die Aufgaben des Rechnungsprüfungsausschusses werden in § 101 GO NRW **24** beschrieben. Danach prüft der Rechnungsprüfungsausschuss die Rechnung mit allen Unterlagen daraufhin, ob

1. der Haushaltsplan eingehalten ist,

2. die einzelnen Rechnungsbeträge sachlich und rechnerisch vorschriftsmäßig begründet und belegt sind,

3. bei den Einnahmen und Ausgaben nach den geltenden Vorschriften verfahren ist,

4. die Vorschriften über Verwaltung und Nachweis des Vermögens und der Schulden eingehalten sind.

Nach neuem Recht in NRW prüft der Rechnungsprüfungsausschuss

ob der Jahresabschluss ein den tatsächlichen Verhältnissen entsprechendes Bild der Vermögens-, Schulden-, Ertrags- und Finanzlage der Gemeinde unter Beachtung der Grundsätze ordnungsmäßiger Buchführung

ergibt.

Die Prüfung des Jahresabschlusses erstreckt sich darauf,

ob die gesetzlichen Vorschriften und die sie ergänzenden Satzungen und sonstigen ortsrechtlichen Bestimmungen beachtet worden sind.

In die Prüfung sind

die Buchführung,
die Inventur,
das Inventar und
die Übersicht über örtlich festgelegte Nutzungsdauern der Vermögensgegenstände

einzubeziehen.

Der Lagebericht ist darauf zu prüfen,

> ob er mit dem Jahresabschluss in Einklang steht und
> ob seine sonstigen Angaben nicht eine falsche Vorstellung von der Vermö-
> gens-, Schulden-, Ertrags- und Finanzlage der Gemeinde erwecken.

Der Rechnungsprüfungsausschuss hat über Art und Umfang der Prüfung sowie über das Ergebnis der Prüfung einen Prüfungsbericht zu erstellen. Der Bestätigungsvermerk oder der Vermerk über seine Versagung ist in den Prüfungsbericht aufzunehmen.

Besonders deutlich wird die Organstellung in § 23 Abs. 5 GO M-V, wonach
der Rechnungsprüfungsausschuss aus dem Gesetz heraus verpflichtet ist, die
Fraktionszuwendungen zu prüfen. Darüber hinaus fordern als einzige Gemeindeordnungen die von Nordrhein-Westfalen und Brandenburg, dass in die Prüfung der Rechnung die Entscheidungen und Verwaltungsvorgänge aus delegierten
(Sozialhilfe-)Aufgaben auch dann einzubeziehen sind, wenn die Zahlungsvorgänge
selbst durch den Träger der Aufgabe vorgenommen werden. Damit wird der Tatsache Rechnung getragen, dass örtliche Träger der Sozialhilfe nach SGB XII nur
Kreise und kreisfreie Städte sind, während die Sachbearbeitung einschließlich
der Bewilligung der Sozialhilfe in den Kreisen durch die der Kreisaufsicht un-
terstehenden Städte und Gemeinden erfolgt.

Soweit die Zahlungen über den Haushalt der Stadt oder der Gemeinde abgewickelt werden, ist die Prüfung der delegierten Aufgaben Gegenstand der Prüfung
der Jahresrechnung der Gemeinde und wird von der o. g. Regelung mit erfasst. In
vielen Fällen wird die Zahlung der Sozialhilfe unmittelbar im Kreishaushalt angeordnet. Dies ist eine sinnvolle organisatorische Regelung: Während im ersten Fall
die zu zahlenden Leistungen sowohl im Gemeindehaushalt als Ausgaben (Aufwendungen) und Einnahmen (Erträge) (nämlich Zahlung an die (Sozialhilfe-)Empfän-
ger und Erstattung der Leistung durch den Kreis) als auch im Kreishaushalt (Erstattung von (Sozialhilfe-)Leistungen an die Gemeinden) gebucht wird, wird im
zweiten Fall ausschließlich der Kreishaushalt berührt. Der Gemeindehaushalt ist
unbeteiligt, was angesichts der immer stärker steigenden Sozialhilfeleistungen zu
einer optischen Entlastung des Gemeindehaushalts führt. Das Haushaltsvolumen
wird verringert.

Nur für den zweiten Fall war eine Regelung notwendig. Tatsächlich hat es sich
eingebürgert, dass grundsätzlich, entsprechend der Forderung im Gesetz, für den
örtlichen Träger der Sozialhilfe das Ergebnis der Prüfung gesondert dargestellt
wird. Dieser erhält einen Teilbericht zum Bericht über die Prüfung der Jahresrechnung, der sich ausschließlich mit der Prüfung der Sozialhilfeentscheidungen
befasst. Dies ist sinnvoll, da letztendlich der örtliche Träger der Sozialhilfe immer die Kosten zu tragen hat und über die Rechtmäßigkeit der Verwaltungsent-
scheidungen informiert werden sollte – zusätzlich zu den überörtliche Prüfungen
des Gemeindeprüfungsamtes und zusätzlich zu den von den Kreissozialämtern
durchzuführenden Überwachungen. Anderseits ist diese Prüfung des Guten zuviel

und vor dem Hintergrund des Ziels, die Staatsfunktionen schlanker zu gestalten, aus Wirtschaftlichkeitsgründen kaum zu vertreten. Kein anderes Amt wird so häufig geprüft wie das Sozialamt. Ein sachlicher Grund für die Dreifachprüfung bzw. -überwachung ist nicht evident.

Mit der Änderung der Gemeindeverfassung in Nordrhein-Westfalen hat der Vorsitzende des Rechnungsprüfungsausschusses eine besondere Befugnis erhalten. Nach der alten Fassung der Gemeindeordnung konnte der (ehrenamtliche) Bürgermeister vom Gemeindedirektor jederzeit Auskunft in allen Angelegenheiten der Gemeindeverwaltung verlangen. Nach § 55 (2) GO NRW können die Ausschussvorsitzenden vom Bürgermeister jederzeit Auskunft über Angelegenheiten verlangen, die zum Aufgabenbereich ihres Ausschusses gehören; sie haben das Recht auf Akteneinsicht nach Maßgabe der Hauptsatzung. Da es kaum eine Angelegenheit der Gemeinde gibt, die nicht dem Prüfungsrecht des Rechnungsprüfungsausschusses unterliegt, tritt der Rechnungsprüfungsausschussvorsitzende hinsichtlich dieses Rechts faktisch an die Stelle des ehrenamtlichen Bürgermeisters alter Prägung. 25

In den Gemeinden ohne eigenes Rechnungsprüfungsamt kommt auf den Rechnungsprüfungsausschuss eine besondere Verantwortung zu, die durchaus von parteipolitischen Erwägungen überlagert werden kann. Das ist dann zu erwarten, wenn die Minderheit im Rat einen Fehler oder auch nur einen vermeintlichen Fehler der Verwaltungsspitze für ihre Zwecke nutzen möchte. Sofern die Prüfung nicht so erfolgen kann, wie die Minderheit es wünscht, ergeben sich Probleme. Wenn nämlich die Mehrheit meint, zur Beurteilung eines bestimmten Vorgangs sei die Einsicht in Akten der Verwaltung nicht erforderlich, die Minderheit sie aber für erforderlich hält, stellt sich die Frage, ob Minderheitenrechte bestehen und wenn ja, ob und wie sie durchgesetzt werden können. Besonders kritisch kann es werden, wenn sowohl die Verwaltung als auch die Mehrheit unter Hinweis auf § 30 AO (Steuergeheimnis) die Akteneinsicht verweigern oder nicht haben wollen.

Eines der strengsten Geheimnisse im deutschen Recht ist das Steuergeheimnis nach § 30 AO. Nach dieser Vorschrift haben Amtsträger das Steuergeheimnis zu wahren. Ein Amtsträger verletzt es nach Abs. 2, wenn er ... Verhältnisse eines anderen, die ihm in einem Verwaltungsverfahren ... bekanntgeworden sind ... unbefugt offenbart oder verwertet. Allerdings ist gem. § 30 Abs. 4 AO die Offenbarung der nach Abs. 2 erlangten Kenntnisse zulässig, soweit ... für sie ein zwingendes öffentliches Interesse besteht; ...

Das zwingende öffentliche Interesse besteht an einer ordnungsgemäßen Prüfung der Jahresrechnung. Das Steuergeheimnis wird nicht dadurch verletzt, dass einem Befugten Einsicht in Akten gewährt wird. Ratsmitglieder im Rechnungsprüfungsausschuss sind zum Wissen über derartige Steuerakten berufen und befugt – gleichzeitig unterliegen sie dem Steuergeheimnis. Hinzu kommt, dass eine Weitergabe der nach § 30 AO geschützten Daten innerhalb der funktional damit befassten Verwaltung kein unbefugtes Offenbaren ist. Der Rat ist Verwaltungsorgan und berechtigt, die Verwaltung zu prüfen. Prüfung ist keine Sache des Hörens und Glaubens, sondern eine Sache der Einsichtnahme in Aktenvorgänge.

Sofern der Bürgermeister die Herausgabe von Akten verweigert, hat das einzelne Ratsmitglied die Möglichkeit zur Klage nach § 40 Abs. 1 VwGO. Als Klageart kommt das Kommunalverfassungsstreitverfahren in Betracht, bei dem sich zwei Gemeindeorgane über ihre Rechte und Befugnisse streiten. Das einzelne Ratsmitglied muss die Verletzung eigener Rechte geltend machen. Im vorliegenden Sachverhalt wäre das vom Bürgermeister verwehrte Recht auf Prüfung der Jahresrechnung.

Mit der Verwirklichung des Rechts auf Akteneinsicht ist nicht automatisch verbunden, dass die Mehrheit des Rechnungsprüfungsausschuss den Sachverhalt wie das einzelne Ratsmitglied beurteilt. Letztendlich kann die Mehrheit eine Entscheidung treffen, die von der Minderheit nicht getragen wird, ohne dass der Minderheit das Recht auf ein Minderheitsvotum (etwa einzelnen Richtern bei Entscheidungen des Bundesverfassungsgerichts) zustünde. In der politischen Praxis sollte aber das Wissen um Sachverhalte und das Recht, Informationen ungefiltert erhalten zu dürfen, die Arbeit aller Ausschussmitglieder erleichtern.

2. Prüfungsaufgaben

26   Für den Rechnungsprüfungsausschuss ist es naturgemäß schwierig, eine Prüfung der Jahresrechnung durchzuführen. Daher bestimmt § 101 (8) GO NRW, dass der Rechnungsprüfungsausschuss sich des Rechnungsprüfungsamtes bedient, wenn ein solches eingerichtet ist.

In vielen Gemeinden ist kein Rechnungsprüfungsamt eingerichtet. Allein wenn man sich den zeitlichen Bedarf verdeutlicht, den ein Rechnungsprüfungsamt hat, um die Jahresrechnung ordnungsgemäß zu prüfen, wird deutlich, dass im Rahmen der ehrenamtlichen Tätigkeit durch die Ratsmitglieder die Prüfungsaufgabe kaum wahrzunehmen ist. Hinzu kommt, dass den ehrenamtlich tätigen Politikern die hauptamtlich tätigen Verwaltungsfachleute gegenüberstehen, die möglichen Beanstandungen des Rechnungsprüfungsausschusses naturgemäß sehr gut entgegnen können. Ist doch kameralistische Buchführung weitaus anders aufgebaut als die kaufmännische, die Politikern oft aus ihrer beruflichen Erfahrung heraus bekannt ist. Im Zuge der Umstellung auf die doppelte kaufmännische Buchführung kann davon ausgegangen werden, dass die Prüfung leichter fällt.

27   Die folgenden Ausführungen beziehen sich – sofern es sich nicht um generelle Aussagen handelt – auf die Kameralistik. Spezielle Vorgehensweisen im Rahmen der Bilanzprüfung werden im Kapitel IV behandelt. Üblicherweise wird ein Mitarbeiter der Verwaltung die Prüfung durch den Rechnungsprüfungsausschuss vorbereiten. So regelt Art. 103 (3) GO Bayern, dass zur Prüfung der Jahresrechnung Sachverständige zugezogen werden können. In Gemeinden mit eingerich-

tetem Rechnungsprüfungsamt ist es umfassend als Sachverständiger zuzuziehen. Sofern die Vorbereitung der Prüfung durch den Ausschuss die Arbeitszeit eines vollbeschäftigten Mitarbeiters bindet, sollte der Rat freiwillig ein Rechnungsprüfungsamt einrichten und den Mitarbeiter zum Leiter bestellen. Das hat auf jeden Fall den Vorteil, dass der Mitarbeiter unabhängig vom Hauptverwaltungsbeamten ist. Soweit kein eigenes Rechnungsprüfungsamt besteht, ist den Mitgliedern des Rechnungsprüfungsausschusses zu empfehlen, intensiv eigenständige Prüfungen durchzuführen. Um die Arbeit durchführen zu können, bildet er zweckmäßigerweise Prüfgruppen, zuständig für folgende Bereiche

- Haushalt generell

- Vergaben und Abrechnungen von Leistungen/Lieferungen; fiskalische Betätigungen

- „Gebührenhaushalte"

- Zuschüsse an Dritte

- freiwillige Aufgaben

- Hoheitsverwaltung,

oder geht nach der Ordnung des Haushalts vor und bildet Prüfgruppen für

- Einnahmen Verwaltungshaushalt

- Ausgaben Verwaltungshaushalt

- Sammelnachweise

- Einnahmen Vermögenshaushalt

- Ausgaben Vermögenshaushalt

oder, wenn ein produktorientierter Haushalt beraten wurde, geht der Ausschuss nach den Produktbereichen vor und überprüft anhand der vom Hauptverwaltungsbeamten vorzulegenden Berichte, ob die mit Produkthaushalt vereinbarten Kontrakte eingehalten worden sind. Jedenfalls könnte er so vorgehen, wenn die Ideen der Neuen Steuerungsmodelle ernsthaft umgesetzt worden sind. Probleme tauchen auf, wenn es zwar einen produktorientierten Haushalt, aber nur eine kamerale Rechnungslegung gibt. Besteht ein Berichtswesen und liegen Kontrakte vor? Diese Fragen ergeben sich „automatisch" bei dieser Vorgehensweise.

Unabhängig von der Vorgehensweise reicht es aus, wenn 2 bis 3 Mitglieder des Rechnungsprüfungsausschusses eine Prüfgruppe bilden, was in einzelnen Bundesländern bereits problematisch sein kann, wenn der gesamte Ausschuss aus maximal 7 Mitgliedern besteht. Bei derartigen personellen Restriktionen ist die mengenmäßige Beschränkung ein unabdingbares Muss. Eine jährlich wechselnde Schwerpunktbildung mit intensiver Prüfung ist effektiver als der Versuch, alle Bereiche umfassend zu prüfen und dabei letztendlich nicht in die Tiefe des Geschehens einzusteigen.

2.1 Einhaltung des Haushaltsplans

28   Der Rechnungsprüfungsausschuss hat festzustellen, ob der Haushaltsplan eingehalten wurde. Damit er diese Aufgabe erfüllen kann, ist ihm die vollständige Jahresrechnung mit dem Nachweis aller Haushaltsstellen vorzulegen. Anhand der Jahresrechnung kann in der Spalte „Mehr/Weniger" die Unter- oder Überschreitung des Haushaltsansatzes ermittelt werden. Die Überschreitungen sind in einer Liste, die folgende Kopfspalten haben könnte, festzuhalten:

Haushalts-stelle	Haus-haltssoll	Anord-nungssoll	Mehr	gedeckt durch § 17 GemHVO	gedeckt durch § 18 GemHVO	üpl./apl. bereit-gestellt

Die Prüfung durch den Rechnungsprüfungsausschuss sollte möglichst wirtschaftlich und zielgerichtet erfolgen. Dies schließt im Normalfall ein Durchblättern der Jahresrechnung und ein manuelles Niederschreiben der Haushaltsüberschreitungen in Listenform aus. Der Rechnungsprüfungsausschuss sollte vielmehr verlangen, ihm die Jahresrechnung im ASCII-Format einschließlich der Datensatzbeschreibung zur Verfügung zu stellen, um die Daten mit Hilfe von PC-Verfahren zu analysieren. Dabei sind sowohl Kalkulations- als auch Datenbankverfahren geeignet. Durch zielgerichtete maschinelle Sortierungen können sich die Mitglieder des Rechnungsprüfungsausschusses auf die Überschreitungen in der Spalte „Mehr" konzentrieren. Alle Überschreitungen in dieser Spalte „Mehr" müssen durch Angaben in einer der folgenden Spalten gedeckt sein. Wenn nicht, sind unzulässige Haushaltsüberschreitungen vorgekommen, die zu beanstanden sind.

Eine Deckung nach § 17 GemHVO erfolgt dadurch, dass bei einer Einnahmehaushaltsstelle mehr eingenommen wurde, als im Haushaltsplan eingeplant war. Hierbei wird darauf abgestellt, dass das Geld bereits bei der Gemeindekasse eingegangen war, als die Mehrausgabe geleistet wurde. Nicht generell, wohl aber im Einzelfall sollte der Rechnungsprüfungsausschuss den entsprechenden Nachweis verlangen. Gleichzeitig ist zu überprüfen, ob im Haushaltsplan bei der betreffenden Einnahmehaushaltsstelle ein Vermerk angebracht ist, der diese sog. einseitige Deckung erlaubt. Hinsichtlich der rechtlichen Voraussetzungen zum Anbringen eines Deckungsvermerks wird auf Rand-Nr. 62 verwiesen.

Die sog. gegenseitige Deckung nach § 18 GemHVO muss auch im Haushaltsplan vermerkt sein. Danach ist es erlaubt, durch eine Sollübertragung den Haushaltsansatz bei einer Ausgabehaushaltsstelle zu erhöhen und dafür bei einer anderen Ausgabehaushaltsstelle im gleichen Umfang zu verringern. Der Rechnungsprüfungsausschuss sollte sich vergewissern, dass die Reduzierung auch erfolgt ist. Geklärt werden sollte auch, ob bei der Haushaltsstelle, deren Soll verringert wurde, später eine üpl. Ausgabe bewilligt wurde.

Die gegenseitige Deckung kann auch politisch interessant sein, wenn z. B. bei den Haushaltsplanberatungen um die Ansätze bei einer mit Vermerk nach § 18 GemHVO versehenen Haushaltsstelle gerungen wurde. Politische Diskussionen, die vom Kämmerer mit Hilfe der Vorschriften über die gegenseitige Deckung nachträglich „korrigiert" werden können, haben dann letztendlich keinen Wert.

Als besonders kritisch muss die Beratung des Haushaltsplans allein anhand des Produkthaushalts betrachtet werden. In dieser Ausgestaltung werden Haushaltsvermerke von der Politik kaum als transparent wahrgenommen werden. Dies ist nach dem Wortlaut der GemHVO durch die Bestimmungen zur Budgetbildung auch nicht unbedingt gewollt. Hier liegt aber die Entscheidung ausschließlich beim Rat, ob er selbst eine Reduzierung seiner Entscheidungskompetenz beschließen will. Einzelheiten zu den Regelungen, wie sie sich aus der Neufassung des § 18 GemHVO ergeben, sind unter Rand-Nr. 64 dargestellt.

Die für den Rechnungsprüfungsausschuss interessanteste Prüfung ergibt sich **29** bei den Überschreitungen, die durch eine über- oder außerplanmäßige Mittelbereitstellung des Kämmerers erfolgt ist. Hier wird geprüft werden müssen, ob

– der Kämmerer den Rat über geringfügige Mittelbereitstellungen, die in seiner alleinigen Entscheidungskompetenz lagen, regelmäßig informiert hat und ob

– der Rat bei erheblichen Mittelbereitstellungen seine vorherige Zustimmung erteilt hat.

Auch kann der Rechnungsprüfungsausschuss nachvollziehen, ob der Kämmerer im Laufe des Haushaltsjahres Mittel bei Ausgabehaushaltsstellen bereitgestellt hat, obwohl der Rat im Rahmen der Haushaltsplanberatungen z. B. eine Mittelkürzung bei einigen freien Trägern der Jugendhilfe beschlossen hatte. Dagegen kann der Rechnungsprüfungsausschuss der Jahresrechnung nicht entnehmen, ob sein politischer Wille auch in den Fällen erfüllt wurde, wenn bei einer Haushaltsstelle keine Haushaltsüberschreitungen ausgewiesen werden, es aber bei den Zuwendungsempfängern Verschiebungen ergeben hat. Hierzu ein Beispiel:

Im Rahmen der Haushaltsplanberatungen beantragt die Partei A, den von der Verwaltung vorgeschlagenen Haushaltsansatz von 9.000 € für Zuschussgewährung an freie Trägern der Jugendhilfe um 600 € zu erhöhen. Die Verwaltung hatte geplant, den drei Jugendverbänden X-Verband, Y-Verein und Z-Organisation jeweils höchstens 3.000 € als Zuschuss gegen Vorlage eines Verwendungsnachweises für ihre Jugendarbeit zu zahlen. Die Partei A wollte den Zuschuss für den Y-Verein um 800 € erhöhen und bei dem X-Verband und der Z-Organisation um je 100 € kürzen und auf höchstens 2.900 € festlegen. Der Vorschlag der Partei A findet im Rat eine knappe Mehrheit; der Haushaltsansatz beträgt 9.600 €. Im Laufe des Haushaltsjahrs stellt sich dann heraus, dass der Y-Verein statt 3.800 € nur 2.500 € benötigt bzw. über Verwendungsnachweise belegen kann. Der Hauptverwaltungsbeamte verwendet von dem „ersparten" Zuschuss in Höhe von 1.300 € einen Betrag von 1.000 €, um den Zuschuss an den X-Verband und der Z-Organisation um je 500 € anzuheben. Somit wurde die Planung wie folgt abgewickelt:

	Planung Verwaltung	Änderungsantrag Partei A	Ergebnis
X-Verband	3.000,00 €	2.900,00 €	3.400,00 €
Y-Verein	3.000,00 €	3.800,00 €	2.500,00 €
Z-Organisation	3.000,00 €	2.900,00 €	3.400,00 €
Summe	**9.000,00 €**	**9.600,00 €**	**9.300,00 €**

In der Jahresrechnung wird mit 9.300,00 € eine Unterschreitung des Haushaltsansatzes von 300,00 € ausgewiesen. Dass dennoch der Wille des Rates missachtet wurde, ergibt sich letztendlich nur aus der Sichtung der Auszahlungsanordnungen und der Belege bei der entsprechenden Haushaltsstelle. Um die Richtigkeit des Verwaltungshandelns in derartigen Fällen zu überprüfen, sollten einzelne Mitglieder des Rates die besonders kontrovers behandelten Haushaltsansätze listenmäßig erfassen und den Mitgliedern des Rechnungsprüfungsausschusses zur Verfügung stellen, damit diese sich die Belege im Rahmen der Prüfung der Jahresrechnung vorlegen lassen. Inwieweit Feststellungen dieser Art Auswirkungen auf die Entlastung haben oder disziplinarrechtliche Maßnahmen nach sich ziehen, muss der Einschätzung des jeweiligen Rechnungsprüfungsausschusses überlassen werden.

2.2 Sachliche und rechnerische Begründetheit der einzelnen Rechnungsbeträge

30   Der Rechnungsprüfungsausschuss wird hier nur eine eingeschränkte Prüfung durchführen können, da er regelmäßig nicht feststellen kann, ob die Belege sämtlichen Rechtsnormen entsprechen. Er sollte sich daher im Verwaltungshaushalt auf wenige Bereiche beschränken und von Jahr zu Jahr das Prüfungsgebiet wechseln. Ein Prüfgebiet könnte der Bereich der freiwilligen Leistungen sein und hier die Überprüfung, ob die Verwaltung entsprechend der gefassten Beschlüsse der Gemeindevertretung gehandelt hat. Oft gewähren die Gemeinden Zuschüsse an Dritte und verlangen im Bewilligungsbescheid die Vorlage eines Verwendungsnachweises für die durchgeführte Maßnahme. Der Rechnungsprüfungsausschuss sollte sich den Verwendungsnachweis vorlegen lassen und überprüfen, ob die Verwaltung sich von der Richtigkeit des Verwendungsnachweises überzeugt hat.

Die Prüfung von Maßnahmen des Vermögenshaushalts gestaltet sich in der Re- *31*
gel noch schwieriger. Auch hier ist eine Beschränkung auf einige wenige Bereiche
angebracht. Der Rechnungsprüfungsausschuss sollte Fragen stellen, die sich aus
der Prüfungsliste des Anhangs 4 ergeben. Es ist auch möglich, sich bei Baumaßnahmen die Schlussrechnung für ein Gewerk vorlegen zu lassen und zu überprüfen, ob die Mengenansätze und Preise im Leistungsverzeichnis mit den tatsächlich
abgerechneten Mengen übereinstimmen. Größere Abweichungen, insbesondere
bei Überschreitung der geplanten Bausumme, sind von der Verwaltung zu begründen. Denkbar ist auch, wenn der Rechnungsprüfungsausschuss vom Bürgermeister die Vorlage eines Preisspiegel für ein ganz bestimmtes Gewerk verlangt und
das Ergebnis der Submission mit den abgerechneten Mengen und der sich dann
ergebenden Reihenfolge der Bieter vergleicht. Bei Änderungen der Reihenfolge
ergibt sich für den Bürgermeister automatisch eine Erklärungsnotwendigkeit. Sofern – was in kleineren Gemeinden ohne Rechnungsprüfungsamt üblich sein dürfte – die der Ausschreibung zugrundeliegende Ingenieurleistung an einen Freibe-
rufler vergeben war, muss der Bürgermeister die entsprechende Aufklärung von
diesem verlangen.

Wegen der besonderen Bedeutung sowohl der Investitionssummen als auch
der Folgekosten sollte die Prüfung von Baumaßnahmen und -abrechnungen ein
Schwerpunkt der Arbeit des Rechnungsprüfungsausschusses sein. Den politischen
Parteien kommt hierbei die große Verantwortung zu, insbesondere die Ratsmitglieder in den Rechnungsprüfungsausschuss zu entsenden, die aufgrund ihrer beruflichen Fachkenntnisse die Aktenvorgänge beurteilen können.

Oftmals finden sich in Ausschreibungen Positionen, hinter denen sich zunächst
keine Leistung verbirgt. Werden z. B. Leistungsstunden abgerechnet, muss der
Stundenzettel der Mitarbeiter des Unternehmers vorliegen und vom Bauleiter an-
erkannt sein, um bezahlt werden zu können. Der Bauleiter sollte auch bei mehr als
10 Stunden erläutert haben, warum die Stunden notwendig und warum sie nicht
im Leistungsverzeichnis enthalten waren. Wenn aus den Stundenzetteln nicht hervorgeht, dass die Mitarbeiter eine Mittagspause eingelegt habe, sollte die entsprechende Zeit für eine Pause vom bereits vergüteten Betrag abgezogen werden. Der
Rechnungsprüfungsausschuss kann den Bürgermeister auffordern, die sich daraus
ergebende Überzahlung zurückzufordern. Ferner sollte sich der Rechnungsprüfungsausschuss davon überzeugen, ob

1. die Vorschriften und Grundsätze des öffentlichen Vergabe- und Preisrechts sowie die örtliche Regelungen angewandt werden (freihändige Vergabe, öffentliche oder beschränkte Ausschreibung, Vergabe nach Einheitspreisen, Pau-
   schalsummen oder Selbstkosten),

2. die Lieferung oder Leistung eindeutig und erschöpfend im Auftrag beschrieben
   ist (umfangreiche Stundenlohnarbeiten bei Neubauten deuten darauf hin, dass
   die Leistung nicht ordnungsgemäß beschrieben worden ist),

3. die durch Dienstanweisung geregelten Zuständigkeiten für die Beschaffung beachtet worden sind,

4. ein Auftrag oder eine Auszahlung nicht unberechtigt gestückelt wurde.

32   Eine weitere wirkungsvolle Prüfungsmöglichkeit hat der Rechnungsprüfungsausschuss im Bereich der Schadstoffentsorgung. In der letzten Zeit mehren sich die Fälle von notwendigen Gebäudesanierungen als Folge von Asbest- oder PCB-Belastungen. Die Schadstoffe müssen ordnungsgemäß entsorgt werden. Eine Rechnung des Unternehmers ist nur dann begründet, wenn die Bescheinigung eines anerkannten Entsorgers über die ordnungsgemäße Entsorgung der Umweltgifte im Original vorliegt. Kopien sind hierbei nicht anzuerkennen und müssen automatisch zur Kürzung der Rechnungssumme führen.

2.3 Beachtung der geltenden Vorschriften bei den Einnahmen und Ausgaben

33   Mit der Beachtung der geltenden Vorschriften sind nicht nur alle haushaltsrechtlich relevante, sondern wirklich alle Rechtsnormen des Bundes, des jeweiligen Landes und die ortsrechtlichen Bestimmungen gemeint. Damit steht der Rechnungsprüfungsausschuss vor einer Aufgabe, die er – schließlich besteht er aus ehrenamtlich Tätigen – nicht lösen kann. So hat Bayern mit vielen Gemeinden ohne eigenes Rechnungsprüfungsamt diesen Teil der Prüfung der Jahresrechnung nicht in seinen Katalog der Pflichtaufgaben für die Rechnungsprüfung aufgenommen.

Der Rechnungsprüfungsausschuss sollte sich auf wesentliche Dinge konzentrieren, die unter dem Begriff „Schwerpunktprüfung" zu subsumieren und eng mit dem Haushaltsrecht verbunden sind. So könnte er untersuchen, ob die Entscheidungen über Stundungen, Niederschlagungen und Erlasse den geltenden Bestimmungen entsprechen. Voraussetzung wäre, sich von der Verwaltung die relativ knappen gesetzlichen Vorschriften sowie einen Auszug aus einem Kommentar zur Verfügung stellen zu lassen und dann jede Stundungs-, Niederschlagungs- und Erlassentscheidung zu überprüfen. Soweit hierbei Steuerakten zu prüfen sind, unterliegen die Mitglieder des Rechnungsprüfungsausschusses dem Steuergeheimnis; Informationen aus den Steuerakten dürfen keinem Dritten offenbart werden. Damit hat der Hauptverwaltungsbeamte auch nicht die Möglichkeit, die Herausgabe der Steuerakten unter Hinweis auf das Steuergeheimnis zu verweigern.

Die Voraussetzungen für die Stundung einer Forderung liegen recht hoch. Nach § 32 GemHVO NRW (§ 30 GemHVO Brandenburg, § 31 GemHVO Hessen und gleichlautend in anderen Bundesländern) dürfen Ansprüche nur gestundet werden, wenn ihre Einziehung bei Fälligkeit eine erhebliche Härte für den Schuldner bedeuten würde und der Anspruch durch die Stundung nicht gefährdet erscheint. Für den Rechnungsprüfungsausschuss ist es naturgemäß schwierig, die unbestimmten Begriffe „ erhebliche Härte" und „nicht gefährdet erscheint" korrekt zu interpretieren. Hilfreich kann sein, dass vor einer Stundung, die unter Berücksichtigung der Stundungszinsen wirtschaftlich nicht anderes als ein Kredit ist, der Schuldner an die Kreditinstitute verwiesen wird. Erst wenn von dort schriftlich bestätigt wird, dass das Institut nicht bereit ist, dem Schuldner einen Kredit zu gewähren, kann sich die Verwaltung der Frage einer Stundung widmen. Für die Mitglieder des Rechnungsprüfungsausschuss ergibt sich der Prüfungsansatz mit der Forderung an die Verwaltung, sich die entsprechende Bescheinigung der Bank oder Sparkasse vorlegen zu lassen.

Ein weiterer Schwerpunkt könnte das Aufarbeiten von Vorgängen sein, die in *34* der abgelaufenen Rechnungsperiode im Rat oder der Bevölkerung diskutiert wurden waren. Ging es z. B. um einen Schwarzbau, so sollte der Rechnungsprüfungsausschuss nachvollziehen, ob der Hauptverwaltungsbeamte ein Ordnungswidrigkeitenverfahren eingeleitet hat, ob es zu einer Bußgeldentscheidung gekommen ist, ob ggf. ein Zwangsgeld angedroht und festgesetzt wurde und ob die festgesetzten Forderungen vollstreckt worden sind.

In der letzten Zeit kommt es immer häufiger vor, dass Träger von Kindertagesstätten Zuschüsse für dringend notwendige Instandsetzungsmaßnahmen bei der Gemeinde anfordern. Unabhängig davon, ob es sich um ein undichtes Dach oder um defekte Fenster handelt, erklären die Träger, dass sie für diese Maßnahme kein Geld haben und auch nicht aus den laufenden Zuschüssen die Instandsetzung finanzieren können. Da die Träger für Reparaturen einen jährlichen Zuschuss erhalten und die nicht verbrauchten Gelder als Rücklage ansammeln sollten, kann der Rechnungsprüfungsausschuss prüfen, ob die Verwaltung vom Träger der Einrichtung Nachweise angefordert hat, aus denen hervorgeht, dass die laufenden Zuschüssen zweckentsprechend verbraucht worden sind. Dazu gehört im Zweifel die Vorlage einer Bilanz oder einer Einnahmeüberschussrechnung und die Vorlage der Rechnungsbelege für Reparaturen und Unterhaltungsmaßnahmen der letzten 5 bis 7 Jahre.

Auf jeden Fall sollte der Rechnungsprüfungsausschuss prüfen, ob im abgelaufenen Haushaltsjahr Kredite aufgenommen und gleichzeitig der allgemeinen Rücklage Mittel zugeführt worden sind. Gerade in den zurückliegenden Jahren waren die Kapitalmarktzinsen niedrig; so manch ein Kämmerer könnte verleitet gewesen sein, Kredite „auf Vorrat" aufzunehmen. Auf private Verhältnisse übertragen bedeutet dies, dass man einen Kredit aufnimmt und das aufgenommene Geld gleichzeitig auf ein Sparbuch einzahlt. Private werden nicht so unwirtschaftlich handeln, obwohl sie es dürften. Kommunen ist es eindeutig verboten; hinsichtlich der Einzelheiten sei auf Rand-Nr. 106 ff. verwiesen.

Wegen der niedrigen Zinsen sollte der Kämmerer sich langfristig binden. Üblich sind in normalen Zinszeiten (bei einem Zinssatz um 7 % p.a.) 10 Jahre Zinsfestschreibung. Wenn bei weniger als 4 ½ % p.a. (Stand Ende November 2005) Laufzeiten von 20 Jahren angeboten werden, wäre es wenig sinnvoll, sich für

10–15 Hundertstel weniger den Zinssatz für nur 10 Jahre festschreiben zu lassen. Über eine lange Sicht ist nicht zu erwarten, dass die Zinsen dauernd so niedrig bleiben, zumal die EZB Anfang Dezember 2005 die Leitzinsen angehoben hat. Eine lange Festschreibung gibt Planungssicherheit. Hier kann der Rechnungsprüfungsausschuss nachhaken.

34 a   Während in der Kameralistik in einer eigenen Ziffer vorgeschrieben war, dass die Prüfung sich auch darauf erstreckt, ob bei den Einnahmen und Ausgaben nach den geltenden Vorschriften verfahren wurde, fehlt im NKF-Recht NRW eine numerische Aufzählung, in Niedersachsen hat sich gegenüber dem alten Recht in dieser Hinsicht nichts geändert.

Das neue Recht orientiert sich an den Regelungen des § 317 HGB. Danach hat sich die Prüfung des Jahresabschlusses darauf zu erstrecken, ob die gesetzlichen Vorschriften beachtet worden sind. Was unter gesetzliche Vorschriften zu verstehen ist, bestimmt sich nach §§ 238 ff. HGB. Nach dem Wirtschaftsprüferhandbuch 2000 bezieht sich die Prüfung nicht auf die Einhaltung anderer gesetzlicher Vorschriften. Diese gehört nur insoweit zu den Aufgaben der Abschlussprüfung, als sich aus diesen Vorschriften üblicherweise Rückwirkungen auf den geprüften Jahresabschluss ergeben oder als die Nichtbeachtung solche Gesetze erfahrungsgemäß Risiken zu Folge haben kann, denen im Lagebericht Rechnung zu tragen ist (Wirtschaftsprüferhandbuch 2000, Seite 1697).

Der Inhalt dieser Prüfung ist damit ein anderer als der nach den bisherigen kameralen Bestimmungen. Die amtliche Begründung zum neuen Recht geht davon aus, dass sich wie bisher der bisherige Umfang und der Inhalt der Prüfung grundsätzlich auf die Einhaltung der gesetzlichen Vorschriften erstreckt. Somit stellt sich die Frage, wie weit die Prüfung des Jahresabschlusses gehen kann und muss. Würde man der Auffassung nach dem Wirtschaftprüferhandbuch folgen, beschränkte sich die Prüfung auf die Frage, ob unwirtschaftliche Vorgänge ordnungsgemäß gebucht worden ist. Es leuchtet ohne weiteres ein, dass sich die Prüfung auch darauf erstreckt, ob zum Beispiel bei der Eingruppierung der Mitarbeiter das geltende Tarifrecht beachtet worden ist oder ob bei der Gewährung der Sozialhilfe die Bestimmungen des SGB XII und (bei kreisangehörigen Gemeinden) die Weisungen des örtlichen Trägers der Sozialhilfe beachtet worden sind. Die Prüfung kann mögliche rechtswidrige Entscheidungen nicht ignorieren, wenn sie nur richtig gebucht sind. Insofern bedeutet die Prüfung eines kommunalen Jahresabschlusses ein rechtliches Mehr gegenüber der Prüfung des Jahresabschlusses einer privaten Gesellschaft und stellt – sofern Wirtschaftsprüfer mit der Jahresabschlussprüfung beauftragt werden sollen – diese vor neue Herausforderungen.

2.4 Verwaltung und Nachweis des Vermögens und der Schulden

Nach § 38 GemHVO ist die Vermögensübersicht der Jahresrechnung als An-   *35*
lage beizufügen. Der Ausschuss muss anhand des Anordnungssolls (und nicht
des Rechnungsergebnisses) feststellen, ob die Vermögensgegenstände ordnungsgemäß nachgewiesen sind. Es bleibt ihm nichts anderes übrig, als die einzelnen
Haushaltsstellen der Jahresrechnung durchzugehen um festzustellen, ob die Vermögensgegenstände erfasst wurden. Hat die Verwaltung Vermögensgegenstände
für kostenrechnende Einrichtungen beschafft, sollte er sich anhand der Karteikar-
ten oder Datenbanken in Stichproben davon überzeugen, dass die Zu- und Abgänge sowie die Abschreibungen richtig ermittelt und fortgeschrieben wurden. Für
die Prüfung der Bilanz nach NKF gilt, dass er die Inventur und das Inventar in seine Prüfung einzubeziehen hat.

Eine weitere Möglichkeit besteht darin, dass der Rechnungsprüfungsausschuss
sich das vollständige Inventarverzeichnis vorlegen lässt, einen kleinen Bereich
auswählt und eine Inventur nachträglich durchführt und somit die Richtigkeit des
Verzeichnisses prüft. Allerdings sollte das nur einen minimalen Zeitumfang in Anspruch nehmen: Ein Rechnungsprüfungsausschuss, der überwiegend eine Inventur durchführt, macht sich als Prüfungsorgan unglaubwürdig. Eine Ausnahme ist
dann allerdings gerechtfertigt, wenn in einem kleinen Bereich „Chaos" vorgefun-
den wird. Dann sollte dem Bürgermeister Gelegenheit gegeben werden, die Situation innerhalb seiner gesamten Verwaltung bis zu einem bestimmten Termin zu
bereinigen. Nach Ablauf dieses Termins kann dann der Rechnungsprüfungsausschuss – möglichst in mehrere Prüfgruppen aufgeteilt – mehrere Bereiche der Verwaltung prüfen. Hinsichtlich des Termins wird der Bürgermeister sich selbst keine großen Zugeständnisse machen wollen, da er daran interessiert sein wird, die
Entlastung zu erhalten.

Die Entlastung des Bürgermeisters erfolgt bis zum 31. 12. des Folgejahres.
Denkbar ist, dass er die notwendigen Informationen zur Aufklärung der Prüfungsfeststellungen des Ausschusses nicht oder nicht rechtzeitig abgibt. Da der 31. 12.
keine Ausschlussfrist darstellt, ist die Entscheidung über die Entlastung oder
Nicht-Entlastung auch später möglich. Da die Entlastung nach der Entscheidung
des Reichsgerichts in RGZ 153, 166 die Wirkung einer Genehmigung von Etat-
überschreitungen hat, wird der Hauptverwaltungsbeamte erst mit der Entlastung
aus der persönlichen Haftung frei.

In einem der neuen Bundesländer hat ein Bürgermeister die Auffassung vertreten, dass der 31. 12. eine Ausschlussfrist sei, nach der über eine Entlastung nicht
mehr entschieden werden könne. Er sah sich mit Ablauf der Frist als entlastet an.
Diese Auffassung findet keine Stütze im Gesetz. Der zu Entlastende hätte nämlich
dann die Möglichkeit, bei einer drohenden Nicht-Entlastung die Aufklärung zu
verweigern, den Ablauf der Frist abzuwarten und sich dann als entlastet anzusehen. Tatsächlich bleibt er nicht entlastet und bleibt auch in der persönlichen Haf-

tung. Daher muss es auch im persönlichen Interesse des Bürgermeisters liegen, sich um die Entlastung zu bemühen.

Im Schrifttum wird diskutiert, ob sich der Entlastungsbeschluss an das Organ oder an den Amtsinhaber richtet. Die Entlastung bedeutet zunächst, dass der Rat mit dem Beschluss die politische Verantwortung für das Haushaltsgeschehen des vergangenen Jahres übernimmt. Da die Haushaltswirtschaft nicht vom Amtsinhaber persönlich und ausschließlich erledigt wurde, sondern auch von Beigeordneten, dem Kämmerer und seinen Mitarbeitern, richtet sich der Entlastungsbeschluss faktisch an alle, die mit der Haushaltswirtschaft zu tun hatten.

Entlastung bedeutet nicht, dass ein Entlasteter sich mit dem Beschluss frei von dienst- oder strafrechtlichen Untersuchungen fühlen kann. Tauchen später Sachverhalte auf, die einen kriminellen Hintergrund (z. B. Untreue) haben, hilft es dem betroffenen Bürgermeister oder Mitarbeiter wenig, wenn er auf den Entlastungsbeschluss verweisen kann.

An dieser Sichtweise ändert sich auch dann nichts, wenn im Laufe des Haushaltsjahres ein neuer Bürgermeister gewählt wird oder der Gemeinderat aufgrund der Kommunalwahl eine andere politische Ausrichtung erhält. Durchzuführen und umzusetzen hat der Bürgermeister das, was mit der letzten Haushaltssatzung beschlossen wurde. Ist das erfolgt, muss die Entlastung zwingend erfolgen – auch wenn das der neuen politischen Mehrheit oder auch dem neuen Bürgermeister nicht recht war. Somit richtet sich die Entlastung das Organ Bürgermeister, nicht aber an den jeweiligen Amtsinhaber.

3. Form und Inhalt des Schlussberichts

36 Die gesamten Aktivitäten des Rechnungsprüfungsausschusses und seiner einzelnen Prüfgruppen sind zu dokumentieren. Über die Sitzungen sind Niederschriften zu fertigen, soweit der Ausschuss keine eigene Prüfberichte fertigt. Die gesamten Aktivitäten münden in einem Schlussbericht über die Prüfung der Jahresrechnung. Bei der Beurteilung der gesamten Haushaltswirtschaft kann der Ausschuss auf die Feststellungen der Schwerpunktprüfungen zurückgreifen: Hat sich herausgestellt, dass in den geprüften Bereichen zahlreiche Fehler aufgetreten sind, ist die Schlussfolgerung, dass es in anderen Bereichen ähnlich aussieht, zulässig. Das Gegenteil müsste der Hauptverwaltungsbeamte nachweisen. Anderseits ist das fehlerfreie Arbeiten in den geprüften Bereichen ein starker Hinweis darauf, dass auch in anderen Ämtern oder Abteilungen ordnungsgemäß gearbeitet wird. Der Rechnungsprüfungsausschuss kann davon ausgehen, dass das Ergebnis seiner Stichprobenprüfung ein Spiegelbild des gesamten Verwaltungshandelns ist und er einen Schlussbericht für den Rat formulieren kann, der folgendes Aussehen haben könnte (soweit er sich eines Rechnungsprüfungsamtes bedient hat, sind die entsprechenden Passagen *kursiv* gedruckt).

Schlussbericht des Rechnungsprüfungsausschusses
der Gemeinde ....für das Haushaltsjahr 2005

Die Prüfung der Jahresrechnung wurde vom Rechnungsprüfungsausschuss der Gemeinde .... durchgeführt. *Dabei bediente er sich des Rechnungsprüfungsamtes nach § 101 (6) GO NRW.* In seiner Sitzung vom .... erörterte der Rechnungsprüfungsausschuss den *vom Rechnungsprüfungsamt erarbeiteten* Bericht über die Prüfung der Jahresrechnung mit der Stellungnahme des Bürgermeisters *und der abschließenden Auswertung des Rechnungsprüfungsamtes hierzu, erklärte sich mit den getroffenen Feststellungen des Berichts in der Fassung des Beratungsergebnisses einverstanden und machte sich diesen Bericht zu eigen.*

Die Prüfung der Rechnung führte zu dem Ergebnis, dass im Wesentlichen

1. der Haushaltsplan eingehalten wurde,

2. die einzelnen Rechnungsbeträge sachlich und rechnerisch vorschriftsmäßig begründet und belegt sind,

3. bei den Einnahmen und Ausgaben nach den geltenden Vorschriften verfahren wurde und

4. die Vorschriften über Verwaltung und Nachweis des Vermögens und der Schulden eingehalten worden sind.

Die Prüfungsfeststellungen im Bericht können als ausgeräumt angesehen werden bzw. werden *vom Rechnungsprüfungsamt* weiter verfolgt. Sie stehen von ihrer Bedeutung her einer Entlastung des Bürgermeisters nicht entgegen.

Auf Grundlage des Schlussberichts empfiehlt der Rechnungsprüfungsausschuss dem Rat der Gemeinde .... gemäß § 94 (1) GO NRW in seiner nächsten Sitzung wie folgt zu beschließen:

1. Die gemäß § 93 (2) GO NRW vom Kämmerer auf- und vom Bürgermeister festgestellte Jahresrechnung über die Einnahmen und Ausgaben des Haushaltsjahres 2005 ist vom Rechnungsprüfungsausschuss gem. § 101 (1) GO NRW in seinen Sitzungen am .... und am .... geprüft und das Ergebnis im Schlussbericht vom .... gemäß § 101 (3) GO NRW zusammengefasst worden. Die Jahresrechnung wird hiermit gemäß § 91 (1) GO NRW beschlossen.

Sie weist folgendes Abschlussergebnis aus

Solleinnahmen Verwaltungshaushalt	_____ €
Solleinnahmen Vermögenshaushalt	_____ €
Summe Solleinnahmen	_____ €

Neue Haushaltseinnahmereste   _____ €
Abgang alte Haushaltseinnahmereste   _____ €
Abgang alte Kasseneinnahmereste   _____ €

Summe bereinigte Solleinnahmen   _____ €

Sollausgaben Verwaltungshaushalt   _____ €
Sollausgaben Vermögenshaushalt   _____ €
(darin enthalten Überschuss nach
§ 41 (3) S.2 GemHVO =   _____ €)

Summe Sollausgaben   _____ €

Neue Haushaltsausgabereste
    Verwaltungshaushalt   _____ €
    Vermögenshaushalt   _____ €   _____ €

Abgang alte Haushaltsausgabereste
Verwaltungshaushalt   _____ €
Vermögenshaushalt   _____ €   _____ €

Abgang alte Kassenausgabereste   _____ €

Summe bereinigte Sollausgaben   _____ €

Etwaiger Unterschied
bereinigte Solleinnahmen
./. bereinigte Sollausgaben (Fehlbetrag)   _____ €

2. Der Rat der Gemeinde .... nimmt Kenntnis von dem vom Rechnungsprüfungsausschuss gem. § 101 (3) GO NRW erstatteten Schlussbericht über die Prüfung der Jahresrechnung für das Haushaltsjahr 2005.

3. Die Mitglieder des Rates beschließen auf Vorschlag des Rechnungsprüfungsausschusses, dem Bürgermeister gemäß § 94 (1) GO NRW für die Haushaltswirtschaft Entlastung zu erteilen.

Ort, Datum

_____   _____
Vorsitzender des   Mitglied des
Rechnungsprüfungsausschusses   Rechnungsprüfungsausschusses

Es ist nach der Reform der GO NRW darauf zu achten, dass der hauptamtliche Bürgermeister die Jahresrechnung mit beschließen darf. Für die Entlastung sind ausschließlich die Ratsmitglieder zuständig.

Soweit ein bei einer Gemeinde ein Rechnungsprüfungsamt eingerichtet ist, ist die Prüfung durch den Rechnungsprüfungsausschuss gleichwertig zur Prüfung durch das Amt. Der Ausschuss kann somit zusätzlich zur Prüfung durch das Rechnungsprüfungsamt eigenständige Prüfungen vornehmen und kann dabei Prüfungen des Amtes vertiefen oder die Bereiche untersuchen, die vom Amt in einer Abrechnungsperiode nicht geprüft worden sind. Allerdings hat der Ausschuss dabei die zeitliche Priorität des Amtes zu beachten. Eine gleichzeitige Prüfung von Amt und Ausschuss, oder auch eine Belegabnahme durch den Ausschuss im laufenden Haushaltsjahr zur Vorbereitung der kommenden Prüfung der Jahresrechnung ist unzulässig.

KAPITEL III
Prüfung durch das Rechnungsprüfungsamt

1. Pflichtaufgaben des Rechnungsprüfungsamtes

Durch §§ 110 und 112 (1) GemO BW, 106 GO Bayern, 113 GO Bran, 131 *37*
HGO, 119 NGO, 102 (1) GO NRW, 112 (1) GemO Rh.-Pfalz, 121 KSVG, 116 (1)
GO SH, 104 (1) und 106 GO Sachsen, 129 GO LSA und § 84 ThürKO werden den
Rechnungsprüfungsämtern so genannte Pflichtaufgaben übertragen, die sie unabhängig von der Größe der Gemeinde und der personellen Besetzung wahrzunehmen haben. Daneben können ihm in fast allen Bundesländern (Ausnahme: Bayern
und Thüringen) weitere Aufgaben übertragen werden. Die Berechtigung hierzu ist
unterschiedlich geregelt. In Baden-Württemberg, Niedersachsen, Nordrhein-Westfalen, Schleswig-Holstein und Sachsen ist die weitere Übertragung von Aufgaben
ausschließliches Recht der Gemeindevertretung. In den Ländern Rheinland-Pfalz
und Saarland steht dieses Recht dem Bürgermeister zu. In Hessen können der
Gemeindevorstand, der Bürgermeister, der für die Verwaltung des Finanzwesens
bestellte Beigeordnete und die Gemeindevertretung dem Rechnungsprüfungsamt
weitere Aufgaben übertragen. Die Gemeindeverfassung in Mecklenburg-Vorpommern hat die kommunale Rechnungsprüfung durch ein Rechnungsprüfungsamt
nicht geregelt; das Prüfungswesen wird in dem Kommunalprüfungsgesetz (KPG)
vom 6. 4. 1993 beschrieben.

Nach den o. g. Gemeindeordnungen haben die Rechnungsprüfungsämter mehre- *38*
re Pflichtaufgaben. Die folgende Darstellung orientiert sich am nordrhein-westfälischen Gesetzestext (§§ 101/103 (1) GO NRW) für die kamerale Buchführung:

1. Prüfung der (Jahres)- Rechnung, die sich darauf erstreckt, ob

    – der Haushaltsplan eingehalten ist,

    – die einzelnen Rechnungsbeträge sachlich und rechnerisch vorschriftsmäßig
    begründet und belegt sind,

    – bei den Einnahmen und Ausgaben nach den geltenden Vorschriften verfah-
    ren ist,

    – die Vorschriften über Verwaltung und Nachweis des Vermögens und der
    Schulden eingehalten sind,

    zusätzlich in Bayern, Rheinland-Pfalz und Thüringen:

    – wirtschaftlich und sparsam verfahren wird,

51

zusätzlich in Bayern und Thüringen:

– die Aufgaben mit geringerem Personal- oder Sachaufwand oder auf andere Weise wirksamer erfüllt werden können,

nur in Nordrhein-Westfalen und Brandenburg:

– Prüfung der Entscheidungen und Verwaltungsvorgänge aus delegierten Sozialhilfeaufgaben, auch wenn die Zahlungsvorgänge selbst durch den Träger der Sozialhilfe vorgenommen werden;

2. die laufende Prüfung der Kassenvorgänge und Belege zur Vorbereitung der Prüfung der Jahresrechnung,

3. die dauernde Überwachung der Kassen der Gemeinde und ihrer Sondervermögen sowie die Vornahme der Kassenprüfungen; letztere finden gem. § 39 GemKVO als vollständige Prüfung mindestens einmal und als Kassenbestandsaufnahme ebenfalls mindestens einmal pro Jahr statt,

4. bei Automation im Bereich der Haushaltswirtschaft die Prüfung der Programme vor ihrer Anwendung,

5. die Prüfung der Finanzvorfälle gemäß § 56 Abs. 3 des Haushaltsgrundsätzegesetzes und gemäß § 100 Abs. 4 der Landeshaushaltsordnung (Vorprüfung für den Landesrechnungshof)

6. die Prüfung von Vergaben.

Die Aufgaben der lfd. Nr. 2 bis 6 sind nicht in allen Bundesländern als Pflichtaufgaben den Rechnungsprüfungsämtern übertragen. Teilweise werden weiter übertragbare Aufgaben nicht erwähnt (Bayern und Thüringen), teilweise werden sie im nicht abschließenden Katalog der weiter übertragbaren Aufgaben genannt (z. B. Vergabeprüfungen in Baden-Württemberg, Kassenprüfung in Rheinland-Pfalz). Um die Darstellungen zu vereinheitlichen, wurde das nordrhein-westfälische Recht mit der umfassendsten Beschreibung der Prüfungsaufgaben als Richtschnur gewählt.

Nach dem NKF-Recht sind in NRW dem RPA folgende Aufgaben übertragen:

1. die Prüfung des Jahresabschlusses der Gemeinde,

2. die Prüfung der Jahresabschlüsse der in § 97 Abs. 1 Nrn. 1, 2 und 4 benannten Sondervermögen,

3. die Prüfung des Gesamtabschlusses,

4. die laufende Prüfung der Vorgänge in der Finanzbuchhaltung zur Vorbereitung der Prüfung des Jahresabschlusses,

5. die dauernde Überwachung der Zahlungsabwicklung der Gemeinde und ihrer Sondervermögen sowie die Vornahme der Prüfungen,

6. bei Durchführung der Finanzbuchhaltung mit Hilfe automatisierter Datenverarbeitung (DV-Buchführung) der Gemeinde und ihrer Sondervermögen die Prüfung der Programme vor ihrer Anwendung,

7. die Prüfung der Finanzvorfälle gemäß § 100 Abs. 4 der Landeshaushaltsordnung,

8. die Prüfung von Vergaben.

Bemerkenswert hierbei ist, dass die Prüfung sich nicht mehr auf die Einhaltung der gesetzlichen Vorschriften (prüfen, ob „bei den Einnahmen und Ausgaben nach den geltenden Vorschriften verfahren ist") erstrecken muss (vgl. Rand-Nr. 34 a).

In Niedersachsen wurde mit der Gemeindeordnung das Prüfungsrecht nur redaktionell angesprochen. Aus der Prüfung der „Jahresrechnung" wurde die Prüfung des „Jahresabschlusses".

2. Bericht über die Prüfung der kameralen Jahresrechnung

Obwohl der Katalog des § 103 (1) GO NRW keine Prioritäten setzt, ist die wich- *39* tigste und damit die herausragende Prüfung im Laufe eines Jahres die Prüfung der Jahresrechnung. Dabei wird das gesamte Haushaltsgeschehen durchleuchtet und analysiert. Geprüft werden muss, ob

1. der Haushaltsplan eingehalten ist,

2. die einzelnen Rechnungsbeträge sachlich und rechnerisch vorschriftsmäßig begründet und belegt sind,

3. bei den Einnahmen und Ausgaben nach den geltenden Vorschriften verfahren ist,

4. die Vorschriften über Verwaltung und Nachweis des Vermögens und der Schulden eingehalten sind.

Für die Vorgehensweise gibt es kein einheitliches Muster; sie ist abhängig von der Struktur der Verwaltung einerseits und der personellen Besetzung des Rechnungsprüfungsamtes andererseits. In der Prüfungspraxis haben sich drei Modelle bewährt:

1. Die Prüfung erfolgt anhand der Rechnungsunterlagen und Unterlagen der Kasse (Belege) und beurteilt einzelne Vorgänge.

2. Die Prüfung betrachtet sich als Wiedergabe der im Laufe des Jahres gesammelten Feststellungen, z.B. aus der Visakontrolle heraus.

3. Die Prüfung beschränkt sich auf das finanzwirtschaftliche Ergebnis des zu prüfenden Jahres und lässt einzelne Prüfungsvorgänge innerhalb des Berichts über die Prüfung der Jahresrechnung unbeachtet bzw. nimmt sie nur dann auf, wenn

sie von grundsätzlicher Bedeutung sind und die Mängel während des Berichts-
jahres nicht abgestellt worden sind.

40   Alle Vorgehensweisen lassen sich unterschiedlich und überzeugend begrün-
den. Abgestellt auf die jeweilige Situation der zu prüfenden Verwaltung sind unterschiedliche Methoden angebracht und notwendig, um zu einem überzeugenden
Prüfungsergebnis zu kommen. Wesentlich ist hierbei auch die Art der Arbeits-
leistung der Verwaltung und die Einstellung des Hauptverwaltungsbeamten zur
Prüfung. Sieht dieser das Rechnungsprüfungsamt als seinen Gegner an, der auf
Grund einer gesetzlichen Vorschrift zwar existiert, aber seiner Meinung nach die
Arbeit der Verwaltung nur behindert, ist sicherlich eine andere Vorgehensweise in
der Prüfung erforderlich als bei einem Hauptverwaltungsbeamten, der das Rechnungsprüfungsamt als willkommene Chance begreift, sich selbst ein Sicherheits-
gefühl zu verschaffen. Dort, wo das Rechnungsprüfungsamt für ihn „aufpasst", ob
ordnungsgemäß, den gesetzlichen Bestimmungen und seinen Dienstanweisungen
entsprechend gearbeitet wird, wird die Prüfung sich im Bericht über die Prüfung
der Jahresrechnung nicht mit Einzelfällen ohne große finanzielle Auswirkungen
beschäftigen müssen. Regelmäßig ist der so beschriebene Hauptverwaltungsbeamte bereit, sich mit Hinweisen des Rechnungsprüfungsamtes während des laufenden Jahres auseinanderzusetzen und Beanstandungen auszuräumen.

Natürlich lässt sich das Prüfungsgeschehen nicht ausschließlich am Hauptverwaltungsbeamten festmachen. Letztendlich wird auch die Haltung der Beigeordneten und Amts- bzw. Bereichsleiter Auswirkungen auf die Vorgehensweise der
Prüfung haben. So deutet ein vordergründig kleinliches Beanstanden in einem einzelnen Bereich, während andere Organisationseinheiten im Bericht nicht erwähnt
werden, nicht unbedingt auf eine „Erbsenzählerei" des Rechnungsprüfungsamtes,
sondern auf die Unfähigkeit oder -willigkeit des Geprüften hin, sich im laufenden
Jahr ordnungsgemäß mit Feststellungen zu beschäftigen. In diesem Sinne „herausragende" Beanstandungen sollten Anlass für den Bürgermeister sein, sich ein-
gehend mit der Leitungskompetenz des geprüften Amtsleiters zu beschäftigen.

Nach den Erfahrungen des Verfassers ist es in der Praxis wichtig, im Rahmen
der Prüfung der Jahresrechnung die Methoden und die Gegenstände der Prüfung
zu wechseln. Eine durch die zu prüfende Verwaltung berechenbare Prüfung hat einen gegen Null tendierenden Wert, da der Geprüfte weiß, welche Bereiche er besonders gut bearbeiten muss und wo er Fehler machen darf. Es soll auch Experten
geben, die bewusst in zahlreichen Fällen Fehler ohne gravierende Auswirkungen
„produzieren", sich keine Mühe geben, sie zu verstecken und dabei darauf speku-
lieren, dass die Prüfung diese findet, sich zeitintensiv mit ihnen beschäftigt (viel-
leicht in der Hoffnung, endlich etwas „gefunden" und damit die Existenzberechti-
gung des Rechnungsprüfungsamtes nachgewiesen zu haben) und es deshalb nicht
schafft, die wirklich gravierenden Mängel festzustellen und zu monieren.

Eine umfassende Darstellung aller drei genannten Möglichkeiten der Prüfung
der Jahresrechnung würde den Umfang dieses Leitfadens sprengen. Daher sollen

die beiden ersten Vorgehensweisen nur kurz, die dritte, wonach die Prüfung sich auf das finanzwirtschaftliche Ergebnis des zu prüfenden Jahres beschränkt und einzelne Prüfungsvorgänge innerhalb des Berichts über die Prüfung der Jahresrechnung unbeachtet lässt, ausführlich beschrieben werden. Diese Art der Prüfung ist noch nicht sehr verbreitet, während die anderen Methoden durchaus geläufig sind; daher erscheint es angebracht, die Schwerpunkte so zu setzen.

Nach der ersten beschriebenen Alternative wird im Rahmen der Prüfung der *41* Jahresrechnung nach der Vorlage der Jahresrechnung und der Belege der Stadtkasse die Prüfung damit eingeleitet, dass zunächst seitens des RPA-Leiters der Gegenstand und der Umfang der Prüfung festgelegt sowie die verantwortlichen Prüfer bestimmt werden. Anhand der Sachbücher sowie der Belege der Kasse wird Anordnung für Anordnung auf formale, rechnerische und sachliche Richtigkeit überprüft.

1. Prüfung auf formale Richtigkeit

Nach § 7 GemKVO muss die Anordnung ganz bestimmte Vorgaben erfüllen. Sie muss

– von einem Anordnungsbefugten unterschrieben sein

– einen Feststellungsvermerk enthalten

– eine Bestätigung beinhalten, dass Haushaltsmittel vorhanden sind

– den Zahlungspflichtigen oder Empfänger eindeutig bezeichnen

– die richtige Haushaltsstelle nennen

– den Betrag eindeutig wiedergeben

– mit dokumentenechter Tinte oder Druckerschwärze geschrieben sein.

Gerade der letzte Hinweis ist wichtig. Werden Anordnungen mit Schreibmaschinen, die Plastic-carbon-Bänder verwenden, geschrieben, lassen sich die Eintragungen mit bestimmten Radiergummis rückstandsfrei entfernen, ohne dass das Papier beschädigt wird. Werden Angaben mit der gleichen Schreibmaschine überschrieben, besteht kaum eine Möglichkeit, die nachträgliche Manipulation festzustellen. Gleiches gilt für Korrekturbänder, die von verschiedenen Herstellern angeboten werden. Eintragungen auf Anordnungen dürfen nicht mit Hilfe der Korrekturbänder überdeckt werden, damit der „richtige" Betrag nachträglich überschrieben werden kann. Hier gibt es Möglichkeiten, das Korrekturband vollständig vom Papier abzuheben, so dass der ursprüngliche Betrag wieder sichtbar wird. Dazu gehört auch, dass Eintragungen nicht mit Tipp-ex oder ähnlichen Korrekturflüssigkeiten „berichtigt" werden dürfen. Auch hier gibt es technische Möglichkeiten, den ursprünglichen Eintrag wieder sichtbar zu machen. Allerdings ist durch fortschreitende Automatisation davon auszugehen, dass die meisten Anordnungen aus dem ADV-System erzeugt werden.

2. Prüfung auf rechnerische Richtigkeit

Diese Prüfung erfolgt anhand der Merkmale des § 11 GemKVO und stellt fest, ob die Teil- und Endsummen der Rechnungen richtig ermittelt und Skonti und Rabatte richtig abgezogen worden sind. Soweit es sich um Akontozahlungen im Rahmen größerer Vergaben handelt und Einbehalte vereinbart worden sind, ist nachzurechnen, ob der Sicherheitseinbehalt richtig ermittelt worden ist. Oft kommt es vor, dass die Fachämter bei der Anweisung der dritten oder vierten Akontozahlung den Sicherheitseinbehalt nicht von der Bruttosumme, sondern von den Nettobeträgen errechnen, mit der Folge, dass der Einbehalt zu niedrig ist.

3. Prüfung auf sachliche Richtigkeit

Dieser Teil der Prüfung stellt den schwierigsten und wichtigsten Teil dar; er muss Vorrang vor den beiden anderen Teilbereichen haben. Allein anhand der Belege der Kasse ist die Prüfung nicht möglich; die Unterlagen der Fachämter müssen herangezogen werden. Überprüft wird, ob die Feststellung der sachlichen Richtigkeit den Bestimmungen des § 11 GemKVO entsprochen hat. Nach § 6 der Verordnung des Innenministeriums über das kommunale Prüfungswesen (Gemeindeprüfungsordnung – GemPrO) des Landes Baden-Württemberg vom 14. 6. 1993, zuletzt geändert am 1. 1. 2004, erstreckt sich die sachliche Prüfung darauf, ob

1. die einzelnen Maßnahmen ... den von der Gemeinde zu beachtenden Rechts- und Verwaltungsvorschriften, den Verträgen und Dienstanweisungen der Gemeinde sowie bei zweckgebundenen staatlichen Zuwendungen den Bewilligungsbescheiden entsprechen und

2. der Inhalt der Verträge sich im Rahmen der Rechtsvorschriften hält,

und umfasst alle Merkmale, die Inhalt der sachlichen Feststellung sind.

Nach VV Nr. 3 zur GemKVO sind u.a. die Verwaltungsvorschriften Nr. 12 zur LHO entsprechend anzuwenden. Hier wird aufgelistet, welche Verantwortung der Feststeller der sachlichen Richtigkeit mit seiner Unterschrift übernimmt. Diese Auflistung kann auch bei der Prüfung als Kriterium verwendet werden. Danach erstreckt sich die Prüfung darauf, ob:

▷ die in der förmlichen Zahlungsanordnung, ihren Anlagen und den begründenden Unterlagen enthaltenen, für die Zahlung maßgebenden Angaben richtig sind,

▷ die nach erforderlichen übrigen Angaben in der förmlichen Zahlungsanordnung, ihren Anlagen und den begründenden Unterlagen enthalten sind,

56

▷ nach den geltenden Vorschriften und nach den Grundsätzen der Wirtschaftlichkeit und Sparsamkeit verfahren worden ist,

▷ die Lieferung oder Leistung als solche und auch die Art ihrer Ausführung geboten war,

▷ die Lieferung oder Leistung entsprechend der zugrunde liegenden Vereinbarung oder Bestellung sachgemäß und vollständig ausgeführt worden ist,

▷ Abschlagsauszahlungen, Vorauszahlungen, Pfändungen und Abtretungen vollständig und richtig berücksichtigt worden sind.

Damit ist die sachliche Prüfung umfassend durchzuführen; sie erstreckt sich nicht nur auf die Feststellung, ob die Bestimmungen des Haushalts-, Kassen- und Rechnungswesens eingehalten sind, sondern untersucht auch, ob die den Zahlungen oder Annahmen zugrunde liegenden Vorgänge den sonstigen Rechtsvorschriften – also auch denen des Privatrechts – entsprechen. Besonders wichtig ist das für die Vergabeprüfung, die feststellt, ob die Verwaltung sich nach den Bestimmungen des nationalen und europäischen Vergaberechts sowie nach den Regelungen der VOB, VOL und VOF gerichtet hat. 42

Im Rahmen der sachlichen Richtigkeitsprüfung wird z. B. auch untersucht, ob die Vorschriften der vorläufigen Haushaltsführung beachtet worden sind. Nach § 81 GO NRW darf, wenn die Haushaltssatzung noch nicht bekannt gemacht ist, die Verwaltung nach dem 1. 1. eines Jahres in der Zeit der vorläufigen Haushaltsführung u.a. nur solche Ausgaben leisten, zu denen sie rechtlich verpflichtet ist oder die für die Weiterführung notwendiger Aufgaben unaufschiebbar sind. Im Rahmen der sachlichen Prüfung hat das Rechnungsprüfungsamt also alle freiwilligen Zahlungen während dieser Zeit zu beanstanden.

Oftmals steht hinter bestimmten Maßnahmen des Vermögenshaushalts politischer Druck. In letzter Minute geplante neue Maßnahmen (Alternativberechnungen und Kosten-Nutzen-Untersuchungen nach § 10 GemHVO NRW als Veranschlagungsvoraussetzung liegen meistens nicht vor) sollen nach Möglichkeit kurzfristig von der Verwaltung erledigt sein. Auch hier gilt: Politischer Druck kann keine zwingenden haushaltsrechtlichen Vorschriften ersetzen. Bereits die Erteilung eines Planungsauftrages an ein Ingenieurbüro während der vorläufigen Haushaltsführung ist rechtswidrig. Ob ein solcher Auftrag dennoch erteilt wurde, erkennt das Rechnungsprüfungsamt daran, dass wenige Tage nach Rechtskraft der Haushaltssatzung ein Ingenieur eine umfassende Planungsleistung vorlegt, die objektiv in der – rechtlich – zur Verfügung stehenden Zeit nicht erbracht werden kann. Nach § 6 (2) Nr. 10 GemPrO BW prüft das RPA, ob bei Ausgaben und Verpflichtungsermächtigungen für Investitionen die vorgeschriebenen Vergleichsberechnungen, Pläne, Kostenberechnungen und sonstigen Unterlagen (§ 10 GemHVO) vorliegen. Diese Pflicht ergibt sich auch aus den Vorschriften der GO, wonach das RPA zu prüfen hat, ob die Haushaltswirtschaft im Einklang mit den Gesetzen erfolgte (vgl. Rand-Nr. 38).

43   Nach der zweiten beschriebenen Alternative ist der Bericht des Rechnungs-prüfungsamtes ein Tätigkeitsbericht des Amtes über die durchgeführten Prüfungen im Berichtsjahr. Derartige Berichte sind recht umfangreich, weil sie die Einzel-ergebnisse, die nach den obigen Grundsätzen ermittelt werden, übersichtlich dar-stellen. Der Bericht kann dann auch Feststellungen aus der Visakontrolle enthal-ten, insbesondere dann, wenn festgestellte Fehler typisch sind.

Die dritte beschriebene Alternative beschränkt sich ausschließlich auf das fi-nanzwirtschaftliche Ergebnis der Jahresrechnung. Ihre Durchführung setzt voraus, dass im Rahmen der Kassenprüfungen Sachgebiete umfangreich geprüft worden und die Ergebnisse sich in den Berichten über die Kassenprüfungen widerspie-geln. Sachbereichsprüfungen müssen hinzutreten, die in gesonderten Berichten behandelt werden. Anhand der folgenden Darstellungen soll der Bericht nach der dritten Alternative erläutert werden.

3. Form des Berichts

44   Der Bericht über die Prüfung der Jahresrechnung ist der wichtigste Bericht im Laufe eines Jahres. Anders als andere Berichte, richtet er sich gleich an mehre-re Adressaten:

1. an den Hauptverwaltungsbeamten, dem er einen Überblick über die Leistungs-fähigkeit und Fehlerhäufigkeit seiner Verwaltung geben soll,

2. an den Kämmerer, dem er eine Darstellung des finanziellen Handelns aus der Sicht der Rechnungsprüfung geben soll,

3. an die Beigeordneten und Amts- bzw. Fachbereichsleiter, die nicht nur ihren Bereich sehen sollen, sondern auch über Beanstandungen aus anderen Fachbe-reichen informiert werden und für sich umsetzen sollen,

4. an die Politiker, die eine Grundlage zur Entlastung des Hauptverwaltungsbeam-ten erhalten sollen,

und in Nordrhein-Westfalen (jedenfalls für den kameralen Jahresabschluss) und Niedersachsen für den Bereich der örtlichen Prüfung und in Rheinland-Pfalz für die überörtliche Prüfung (vgl. Rand-Nr. 19 f.)

5. an die Öffentlichkeit, die spektakuläre Neuigkeiten erwartet.

Die inhaltlichen Erwartungshaltungen sind unterschiedlich. Ebenso sind auch die Erwartungshaltungen vom Umfang her unterschiedlich. Der Politiker möchte nicht unbedingt viel lesen, die Beigeordneten und Amts- bzw. Fachbereichsleiter hoffen, dass aus ihrem Bereich möglichst wenig Beanstandungen enthalten sind. Der Hauptverwaltungsbeamte will sich umfassend informieren, der Kämmerer ist dann sehr zufrieden, wenn der finanzwirtschaftliche Bereich ausgeklammert ist und die Prüfung sich auf Fachbereiche beschränkt.

Alle Erwartungshaltungen sollten nach Ansicht der Adressaten befriedigt werden. Dies ist nicht möglich, so dass sich die Frage nach dem „richtigen Prüfbericht" stellt. Unter Rand-Nr. 39 ff. wurden die unterschiedlichen Möglichkeiten vorgestellt, die in der Praxis alle angetroffen werden. Der 200 Seiten starke Prüfungsbericht mit detaillierter Auflistung sämtlicher Ergebnisse aus allen Ämtern ist ebenso vertreten wie der 40 Seiten starke Bericht, der sich auf das finanzwirtschaftliche Ergebnis beschränkt.

Selbstverständlich ist der Bericht über die Prüfung der Jahresrechnung schrift-   *45*
lich abzugeben. Damit könnte dieser Abschnitt des Buches beendet sein, wenn nicht auch für die Arbeit des Rechnungsprüfungsamtes neue Zeiten angebrochen wären. Die mit der Einführung der „neuen Steuerungsmodelle" propagierten Ideen vom Umbau der Verwaltung haben sich von einem Anfangssturm mittlerweile in ein laues Lüftchen entwickelt. Es geht nicht um eine neue Form der Führung, sondern um die Einführung betriebswirtschaftlicher Instrumente. Ein Teil der betriebswirtschaftlichen Hilfsmittel ist das Marketing. Auch der Bericht über die Prüfung der Jahresrechnung ist unter Marketing-Gesichtspunkten zu gestalten. Die Rechnungsprüfungsämter müssen sich damit auseinandersetzen, dass auch sie etwas zu verkaufen haben: Nicht mehr die Prüfung der Verwaltung und das Schreiben von Beanstandungen steht im Vordergrund (derartiges will keiner lesen), sondern die gedanklich-konzeptionelle Darstellung, wie die Verwaltung wirtschaftlicher arbeiten kann.

Die Einleitung eines gestrafften Prüfberichts könnte lauten: *46*

Der Prüfungsauftrag ergibt sich aus § 103 (1) Nr. 1 i.V.m. §§ 59 (3) und 101 (6) GO NRW. Die zur Prüfung erforderlichen Unterlagen standen ab dem   .   . 2002 zur Verfügung. Die Prüfung wurde in der Zeit vom   .   . bis zum   .   . 2002 unter Beteiligung aller Prüfer mit folgendem – zusammengefassten Ergebnis – durchgeführt:

1. Die Haushaltssatzung des Jahres 2005 ist nicht korrekt verabschiedet worden (Seite ...).

2. Nicht genehmigte Haushaltsüberschreitungen sind im Umfang von .... € erfolgt (Seite ...).

3. Zweckgebundene Spenden wurden nicht zweckgebunden verausgabt (Seite ...).

4. Kredite wurden auch für Zwecke des Verwaltungshaushalts verwendet (Seite ...).

5. Durch rationelleren Einkauf lassen sich pro Jahr mindestens 50.000 € sparen (Verfahrensvorschlag auf Seite ...).

6. Durch die Änderung der Arbeitszeiten im Bereich .... können pro Jahr ... Überstunden vermieden und damit .... € eingespart werden (Konzept ab Seite ...).

Die Bedeutung der Prüfbemerkungen und -hinweise ist aus dem letzten Bericht bekannt.

Derartige Informationen müssen auf der 1. Seite stehen. Der Leser hat einen Anspruch darauf zu erfahren, was ihn im Bericht erwartet; es ist nicht zumutbar, wenn er erst auf Seite 47 erfährt, dass die Beamtengehälter mit Kommunalkrediten bezahlt worden sind. Im Zweifel hat er nämlich bereits bei Seite 10 aufgegeben.

4. Inhalt des Berichts über die Prüfung der kameralen Jahresrechnung

47 Der Bericht sollte dokumentieren, dass ein bestimmtes Spektrum an Prüfaufgaben abgearbeitet wurde. Der folgende Text stellt eine mögliche Gliederung dar und gibt Hinweise, was an dieser Stelle und mit welcher Intensität geprüft werden könnte.

4.1 Abwicklung der vorjährigen Jahresrechnung

48 Nach Entlastung des Bürgermeisters ist das Abschlussergebnis zu veröffentlichen und der Aufsichtsbehörde anzuzeigen. In diesem Abschnitt wird überprüft, ob dies erfolgt ist.

Weiterhin ist zu überprüfen und hier darzustellen, ob alle Prüfbeanstandungen aus dem Bericht über die letzte Prüfung der Jahresrechnung ausgeräumt sind. Insbesondere ist zu überprüfen, ob die gegebenen Zusagen („wird künftig beachtet") eingehalten worden sind.

Soweit eine überörtliche Prüfung durch das Gemeindeprüfungsamt stattgefunden hat, sollte darauf verwiesen werden.

4.2 Vorbereitende Arbeiten zur Prüfung der Jahresrechnung

49 Die Prüfung der Jahresrechnung wird nicht erst durchgeführt, wenn sie auf- und festgestellt ist. Bereits im Laufe des Jahres ergeben sich aus unvermuteten Kassenprüfungen oder aus der dauernden Überwachung der Kasse Erkenntnisse, die an dieser Stelle verarbeitet werden können. Gleiches gilt für die Visakontrolle. Sinnvoll kann es sein aufzulisten, welche Anordnungen der Visakontrolle unterlagen und ob es Fälle gibt, die wegen der grundsätzlichen Bedeutung im Rahmen der Prüfung der Jahresrechnung behandelt werden müssen. Allerdings wird ein erfahrener Leiter eines geprüften Bereichs darauf achten, dass aus der Visakontrolle heraus keine grundsätzlichen Bemerkungen entstehen, die im Bericht über die Prüfung der Jahresrechnung behandelt werden müssen (vgl. Rand-Nr. 40).

60

Sofern im Laufe des Jahres Ämter auf Prüfbemerkungen, z. B. aus der Visakontrolle nicht geantwortet haben, sollte das Fehlen von Stellungnahmen an dieser Stelle behandelt werden. In den Rechnungsprüfungsordnungen ist festgelegt, dass die Verwaltung zu Berichten und Prüfungsbemerkungen des Rechnungsprüfungsamtes fristgerecht Stellung zu nehmen hat. Da das Rechnungsprüfungsamt im Interesse der Gemeindevertretung arbeitet, kann ein Nichtbeantworten von Prüfungsfeststellungen auch als Missachtung des Rates angesehen werden. Wenn Politiker in einem derartigen Fall ungehalten reagieren, ist das als normal anzusehen.

In vielen Rechnungsprüfungsordnungen oder Dienstanweisungen für das Rechnungsprüfungsamt ist geregelt, dass der Prüfer nach Ablauf einer gesetzten Frist das Fachamt zu erinnern und um Stellungnahme innerhalb einer Woche zu bitten hat. Verstreicht auch diese Frist, ist der zuständige Beigeordnete unter Festsetzung einer neuen Frist einzuschalten. Wird sie von ihm auch nicht genutzt oder wird nicht um angemessene Terminverlängerung gebeten, ist eine Mitteilung an den Hauptverwaltungsbeamten etwa mit dem Inhalt, dass man nun auf eine Stellungnahme verzichte und dafür dem Amt ausreichend Gelegenheit gebe, im Rahmen der Prüfung der Jahresrechnung zu antworten, erforderlich.

Sollte dann immer – was selten genug vorkommt – das Fachamt nicht antworten, muss die Beanstandung in diesem Abschnitt wiederholt werden. Nach den Erfahrungen des Verfassers ist das ein einmaliger Vorgang.

4.3 Grundlagen der Haushaltswirtschaft

Die Prüfung der Jahresrechnung ist zum großen Teil eine Prüfung von Formalien. Insbesondere die Prüfung, ob haushaltsrechtliche Grundlagen beachtet worden sind, gehört hierzu. An dieser Stelle ist zu prüfen, ob *50*

1. das Investitionsprogramm ordnungsgemäß beschlossen wurden,

2. der Finanzplan dem Rat zur Kenntnis gegeben worden ist,

3. die Endsummen des beschlossenen Haushaltsplanes mit denen des Finanzplanes im 2. Planungsjahr übereinstimmen,

4. die Haushaltssatzung formal richtig zustande gekommen ist,

5. die Endsummen des Haushaltsplanes mit denen der Haushaltssatzung übereinstimmen,

6. der Haushaltsplan nach den verbindlichen Mustern aufgestellt wurde,

7. der Haushaltsplan alle vorgeschrieben Bestandteile und Anlagen enthielt.

Zu dem formal richtigen Zustandekommen gehört, dass der Satzungsbeschluss bis zum 30. 11. des Vorjahres gefasst wird. Dieser Termin wird in vielen Gemeinden *51* regelmäßig überschritten. Begründet wird das ebenso regelmäßig mit fehlenden Orientierungsdaten oder auch mit der Tatsache, dass das Rechnungsergebnis des Vorjahres (ein möglicher Sollüberschuss) mit berücksichtigt werden soll. Dies führt in der Praxis dazu, dass die Bestimmungen über die vorläufige Haushalts-wirtschaft (Einzelheiten hierzu bei: Schwarting, Der kommunale Haushalt, Kap. V Nr. 3.1, S. 289) anzuwenden sind. So regelmäßig von den Rechnungsprüfungs-ämtern die verspätete Verabschiedung der Haushaltssatzung beanstandet wird, so wenig wird überprüft, ob die Bestimmungen der vorläufigen Haushaltswirtschaft beachtet werden. Dass die Verwaltung sich trotz verspätet verabschiedeter Haus-haltssatzung aus politischen Gründen veranlasst sieht, die Bestimmungen der vor-läufigen Haushaltsführung zu umgehen, wurde unter Rand-Nr. 49 dargestellt.

Nach Rehn/Cronauge, Kommentar zur Gemeindeordnung, Anmerkung II.3 zu § 68 GO NRW (a. F.) darf der laufende Betrieb und die Unterhaltung von Versor-gungs- und Verkehrseinrichtungen, von Spiel-, Sport- und Erholungsanlagen, von kulturellen Einrichtungen und dergleichen mehr durch das vorübergehende Feh-len der haushaltsrechtlichen Grundlage nicht gefährdet werden. Dies entspricht dem Begriff der Unabweisbarkeit für über- und außerplanmäßige Ausgaben. Nach dem vorgenannten Kommentar (Anmerkung I.1 zu § 69 a. F.) ist eine Maßnahme dann unabweisbar, „wenn sie notwendig ist, um einen schwerwiegenden Schaden von der Gemeinde abzuwenden und wenn sie in zeitlicher Hinsicht so dringend ist, dass sie weder bis zum neuen Haushaltsjahr zurückgestellt, noch auch nur so-lange hinausgezögert werden kann, bis die erforderlichen Mittel in einem Nach-tragshaushalt bereitgestellt sind".

52   Aus dieser Darstellung ergibt sich der enge Handlungsspielraum der Verwal-tung während der Zeit der vorläufigen Haushaltsführung. Dies ist sachlich ins-besondere mit dem Budgetrecht des Rates, aber auch der Kontrollfunktion der Aufsichtsbehörde begründet. Bis zum Inkrafttreten der Haushaltssatzung stehen dem Rat sämtliche Entscheidungsmöglichkeiten im Bereich der freiwilligen Leis-tungen der Gemeinde offen. Er kann die Entscheidung treffen, freiwillige Maß-nahmen nicht nur auszuweiten, sondern auch beizubehalten, zu reduzieren oder einzustellen. In dem Bereich der freiwilligen Aufgaben hat die Verwaltung keine Möglichkeit, im Rahmen der vorläufigen Haushaltsführung Ausgaben zu tätigen oder Verpflichtungen einzugehen, die das Budgetrecht des Rates tangieren. Bri-sant wird es dann, wenn die Aufsichtsbehörde im Rahmen ihrer Befugnisse ein-schreitet und die beschlossenen Haushaltssatzung an die Gemeinde mit Auflagen zurückgibt. Wenn die Gemeinde im freiwilligen Bereich Ausgaben zu reduzieren hat, kann es nur der Entscheidung des Rates obliegen, an welchen Stellen der Rot-stift angesetzt wird.

Davon betroffen sind zahlreiche Aufgaben. Hierunter fallen z. B. Zuschüsse an kulturelle Vereine, an Karnevals-, Schützen-, Sport- und Jugendvereine, Verfü-gungsmittel des Bürgermeisters, Zuschüsse an freiwillige Hilfsorganisationen etc.

Wird der Haushaltsplan regelmäßig verspätet verabschiedet, hat es keine nachhaltige Wirkung, wenn das Rechnungsprüfungsamt die Tatsache Jahr für Jahr beanstandet. Dagegen ist es sehr wirkungsvoll, wenn das Rechnungsprüfungsamt im Rahmen einer von ihm angeordneten Visakontrolle zu Beginn des Jahres die entsprechenden Auszahlungsanordnungen beanstandet. Sollte der Hauptverwaltungsbeamte trotz der Beanstandung die Auszahlung veranlassen wollen, kann dieses dann vorsätzliche Missachten haushaltsrechtlicher Vorschriften und des Budgetrechts dazu führen, ihm die Entlastung zu verweigern, insbesondere dann, wenn die Gemeindevertretung die bereits ausgezahlten Mittel im Haushaltsplan nicht bereitstellt.

Im Rahmen der Formalienprüfung ist auch festzustellen, ob bei der Aufstellung des Haushaltsplanes alle notwendigen Bestandteile und Anlagen vorhanden waren. Vereinzelt neigen Verwaltungen dazu, den Stellenplan oder den aktuellen Wirtschaftsplan von Eigenbetrieben und Eigengesellschaften erst im Rahmen der Haushaltsplanberatungen vorzulegen. Dies ist von dem geltenden Recht nicht abgedeckt; Stellenplan und Personalkosten ergänzen sich. Daher ist eine dem § 7 (1) GemHVO entsprechende Planung der Personalkosten nicht möglich, wenn die zugrunde liegenden Daten, nämlich die des Stellenplans, nicht vorliegen. Ebensowenig kann die Planung des Mindestgewinns der Gesellschaft oder des Eigenbetriebs unter Berücksichtigung der genannten Norm nicht erfolgen. *53*

Die Folge eines nicht vorliegenden Stellenplanes oder eines Wirtschaftsplanes der Eigenbetriebe oder -gesellschaften ist gravierend: Nach herrschender Meinung führt ein Verstoß gegen Formvorschriften zur Rechtswidrigkeit der Haushaltssatzung. Sofern die Gemeinde mit der Haushaltssatzung die Steuersätze geändert hat, kann sie diese gegenüber den Steuerpflichtigen nicht durchsetzen, da eine entsprechende Rechtsgrundlage fehlt. Es können lediglich nach den Bestimmungen der vorläufigen Haushaltsführung die Abgabesätze des Vorjahres angesetzt werden. Gelingt es nicht, die Satzung bis zum 30. 6. des laufenden Jahres mit den höheren Steuersätzen formal richtig zu verabschieden, bleibt es bei den niedrigeren Sätzen.

4.4 Ergebnis der Haushaltswirtschaft

Die Jahresrechnung muss nach § 93 GO NRW das Ergebnis der Haushaltswirtschaft einschließlich des Standes des Vermögens und der Schulden zu Beginn und am Ende des Haushaltsjahres ausweisen. Sie besteht aus *54*

– dem kassenmäßigen Abschluss und

– der Jahresrechnung.

Diese Aufzählung stellt gleichzeitig die zeitliche Reihenfolge der Aufstellung dar. Der kassenmäßige Abschluss muss vor der Jahresrechnung aufgestellt werden.

Die Jahresrechnung ist innerhalb eines Zeitraums von drei Monaten nach Abschluss des Haushaltsjahres zu auf- und festzustellen und gemeinsam mit dem Rechenschaftsbericht dem Rat zuzuleiten. Beizufügen sind

– eine Vermögensübersicht

– eine Übersicht über die Schulden und Rücklagen

– ein Rechnungsquerschnitt

– eine Gruppierungsübersicht.

4.4.1 Prüfung auf rechnerische Richtigkeit

55   Die Jahresrechnung wird regelmäßig durch die ADV erstellt. Daher ist eine rechnerische Überprüfung des Ergebnisses nicht erforderlich, wenn das Rechnungsprüfungsamt im Rahmen der ADV-Prüfung die entsprechenden Programme geprüft und für unbedenklich befunden hat. Sofern die ADV-Prüfung – was bei gemeinsamen kommunalen Datenverarbeitungszentralen der Regelfall ist – durch ein anderes Rechnungsprüfungsamt mit befreiender Wirkung für das örtliche Rechnungsprüfungsamt erfolgt ist, sollte sich das örtliche Rechnungsprüfungsamt in Einzelfällen davon überzeugen, ob die entsprechende ADV-Prüfung vom zuständigen Rechnungsprüfungsamt durchgeführt worden ist. Als ausreichend kann angesehen werden, wenn eine Kopie der Unbedenklichkeitsbescheinigung nach §§ 12 und 24 GemKVO vorgelegt wird.

Schwierig kann es werden, wenn eine kleinere Gemeinde autonom Datenverarbeitung durchführt und die erforderlichen Programme nicht selbst entwickelt, sondern bei einem Dritten eingekauft hat. Hier liegt die Prüfungspflicht für die Richtigkeit der ADV-Programme beim örtlichen Rechnungsprüfungsamt. Eine Bescheinigung des Dritten, dass ein anderes Rechnungsprüfungsamt die Programme geprüft und für unbedenklich erklärt hat, reicht nicht aus. In der Praxis ist in der letzten Zeit auch oft festzustellen, dass die Dritten auf eine Zertifizierung nach ISO 9000 oder 9001 verweisen. Für die Prüfung besagt ein derartiges Zertifikat überhaupt nichts. Sofern eine Gemeinde ein nicht geprüftes und vom zuständigen Rechnungsprüfungsamt als unbedenklich bezeichnetes Programm einsetzt, ist

1. die Tatsache dass ein derartiges Programm eingesetzt wird, zu beanstanden

2 die rechnerische Richtigkeit des Jahresabschlusses manuell nachzuvollziehen

3. zu beanstanden, dass aufgrund des rechtswidrigen Einsatzes von Kassenprogrammen erhebliche Zeitverbräuche im Rechnungsprüfungsamt erforderlich sind und dass damit gegen das Wirtschaftlichkeitsgebot der Haushaltswirtschaft verstoßen wird.

64

Hilfreich sind auch die Ergebnisse der Sächsischen Anstalt für kommunale Datenverarbeitung (SAKD). Aufgabe dieser Einrichtung ist es, für alle Kommunen im Freistaat Sachsen die Programme zu prüfen und mit einem Unbedenklichkeitstestat auszustatten. Auf www.sakd.de findet sich unter dem Scroll-Feld „Prüfungen" bei Prüfergebnisse eine Auflistung aller Programme, die für einen Einsatz in den Kommunen Sachsens geeignet sind. Da das kamerale Haushalts- und Kassenrecht in Sachsen nicht wesentlich anders ist als in den anderen Bundesländern, können die Ergebnisse der Prüfung länderübergreifend verwendet werden.

4.4.2 Prüfung auf sachliche Richtigkeit

Sehr umfassend beschreibt die GemPrO des Landes Baden-Württemberg den   56
Inhalt der sachlichen Prüfung. Nach § 6 (2) GemPrO ist bei der sachlichen Prüfung der Jahresrechnung insbesondere festzustellen, ob

1. die Einnahmen und Ausgaben dem Grunde und der Höhe nach den Rechtsvorschriften und Verträgen entsprechen,

2. erforderliche Genehmigungen erteilt, Zustimmungen eingeholt sowie Vorlagepflichten beachtet worden sind,

3. die Einnahmen rechtzeitig und vollständig erhoben oder geleistet worden sind,

4. Abweichungen von den Ansätzen des Haushalts zulässig waren,

5. die Vorschriften über die Vermögensverwaltung und über die Bestellung von Sicherheiten und Gewährleistungen für Dritte beachtet worden sind,

6. die Voraussetzungen für die Stundung, die Niederschlagung oder den Erlass von Ansprüchen vorlagen,

7. Vorschüsse und Verwahrgelder, durchlaufende Gelder und fremde Mittel, Kassenkredite, Überschüsse sowie Fehlbeträge aus Vorjahren ordnungsgemäß abgewickelt worden sind,

8. Haushaltsreste aus Vorjahren ordnungsgemäß verwendet worden sind und die Bildung neuer Haushaltsreste zulässig ist,

9. bei der Vergabe von Aufträgen die Vergabegrundsätze (§ 31 GemHVO) beachtet worden sind,

10. bei Ausgaben und Verpflichtungsermächtigungen für Investitionen die vorgeschriebenen Vergleichsberechnungen, Pläne, Kostenberechnungen und sonstigen Unterlagen (§ 10 GemHVO) vorliegen (*Hinweis: vergl. hierzu Nr. 6.1, Rand-Nr. 85 ff.*),

11. bei automatisierten Verfahren gültige Programme angewendet, die Verantwortungsbereiche eindeutig abgegrenzt und die Verfahrensabläufe gegen unbefugte Eingriffe hinreichend gesichert sind,

12. die Kostenrechnungen, Anlagenachweise und Entgeltkalkulationen ordnungsgemäß geführt werden,

13. Feststellungen früherer Prüfungsberichte noch unerledigt sind und

14. die Haushaltswirtschaft im Übrigen nach den geltenden Haushaltsgrundsätzen geführt worden ist.

4.4.3 Bestandsverändernde Buchungen

57   Unter diesem Abschnitt ist zu prüfen, ob unzulässige bestandsverändernde Buchungen nach dem Jahresabschluss durchgeführt worden sind. Nach § 34 (1) GemKVO dürfen nach dem Abschlusstag nur noch sog. Abschlussbuchungen durchgeführt werden. Hierbei handelt es sich gem. § 46 Nr. 1 GemKVO um solche, die für den kassenmäßigen Abschluss und die Haushaltsrechnung des abgelaufenen Haushaltsjahres noch erforderlich sind, einschließlich der Übertragungen in das folgende Haushaltsjahr, ausgenommen die Buchungen von Einzahlungen und Auszahlungen von Dritten oder an Dritte einschließlich der Sondervermögen mit Sonderrechnung.

Im Rahmen der Visakontrolle sollte vom Rechnungsprüfungsamt angeordnet werden, ab 2. 1. eines jeden Jahres alle Anordnungen auf das Vorjahr dem Rechnungsprüfungsamt zur Prüfung vorzulegen. Die Kontrolle, ob dies tatsächlich erfolgt ist, erfolgt durch Durchsicht der Tagesabschlüsse. Dies kann manuell erfolgen, indem der Tagesabschluss Blatt für Blatt durchgesehen wird. Im Zeitalter der Automatisation auch der Verwaltungsaufgaben ist dies kaum noch hinnehmbar. Anzustreben ist der File-Transfer vom Großrechner (Host) auf einen PC des Rechnungsprüfungsamtes, um dort in einem Kalkulationsprogramm abgearbeitet zu werden oder alternativ der Einsatz eines Auswerteprogramms für den Host, das vom Rechnungsprüfungsamt gestartet werden kann und das zum gleichen Ergebnis führt.

In den letzten Jahren hat sich herausgestellt, dass bestandsverändernde Buchungen überwiegend im zulässigen Bereich durchgeführt werden. Problematischer sind die Buchungen, die vor dem 1. 1. des neuen Jahres auf das neue Haushaltsjahr gebucht werden. Z.T. sind derartige Buchungen zulässig, etwa dann, wenn eine Versicherungsprämie zum 1. 1. fällig ist, die Beitragsrechnung schon im Dezember der Verwaltung vorliegt. Nach § 7 (2) GemKVO ist die Anordnung im Vorjahr zu fertigen; nach § 41 GemHVO ist der angeordnete Betrag in der Rechnung des kommenden Jahres nachzuweisen. Die Fälligkeit richtet sich hierbei nach vertraglichen Bestimmungen. I. d. R. ist davon auszugehen, dass eine Rechnung 30 Tage nach Eingang fällig ist. Das bedeutet, dass die am 2. 12. eines Jahres eingehende

66

Rechnung am 2. 1. des Folgejahres fällig ist und auch zu Lasten des neuen Jahres gebucht werden muss.

Unzulässig ist es, die Anordnungen auf das neue Jahr zu buchen, wenn die Rechnung noch im alten Jahr fällig ist.

Dies wird nicht überall beachtet. Drei Gründe gibt es hierfür:

1. Es ist kein Geld mehr vorhanden; die Haushaltsstelle des alten Jahres weist nicht mehr ausreichend verfügbare Mittel aus. Die Haushaltskontrolle hat offensichtlich nicht funktioniert.

2. Das neue Haushaltsjahr wird bereits Anfang Dezember eröffnet. Das richtig und notwendig, um z. B. Versicherungsprämien (s. o.) bezahlen zu können. Gleichzeitig aber wird der Buchungsschluss der Stadtkasse auf Anfang Dezember festgelegt. Das hat zur Folge, dass Anordnungen, die rechtlich und tatsächlich im alten Jahr fällig und in der Rechnung des alten Jahres nachzuweisen sind, nicht mehr gebucht werden können.

3. Im Bereich der Sozialhilfeleistungen wird vom Kreis vorgegeben, dass die Leistungen, die im Dezember gezahlt werden, dem neuen Jahr zuzurechnen sind.

Der 1. Fall erscheint dabei als der am wenigsten gravierende. Derartige Fehler *58* passieren immer wieder und sind im normalen Prüfungsgeschäft zu verfolgen.

Anders die beiden anderen Fehler, die aufgrund von Verfügungen des Kämmerers oder des Kreises auftreten. Sie sind deshalb gravierend, weil sie systematisch auftreten und bewusst herbeigeführt werden. Die Ursache für diese Anordnungen ist historisch begründet:

Das bis 1973 (!) geltende Haushaltsrecht kannte die Institution des Auslaufmonats. Mit der Reform des Gemeindehaushaltsrechts wurde diese Regelung in § 41 (2) GemHVO übernommen; die Bestimmung lautete:

„Zahlungen, die im Vorjahr fällig waren, jedoch erst im Haushaltsjahr eingehen oder geleistet werden, sind bis zum Abschlusstag in der Jahresrechnung des Vorjahres nachzuweisen".

Mit Erlass der GemKVO zum 1. 1. 1977 wurde diese Bestimmung ersatzlos gestrichen. Tatsache ist, dass viele Verwaltungen sich noch nicht damit abfinden können oder wollen, dass Buchungsende nunmehr der 31. 12. eines jeden Jahres ist und dass bis zu diesem Termin aufs alte Jahr gebucht werden darf und muss. Durch die Vorverlegung des Buchungsschlusses auf ein Datum Anfang oder Mitte Dezember wird eine Art Auslaufmonat geschaffen, der den letzten Monat des Haushaltsjahres umfasst. Das ist vom Verordnungsgeber nicht gewollt und vom Rechnungsprüfungsamt im Rahmen der Prüfung der Jahresrechnung zu beanstanden. Die Summe, die unzulässig das neue Jahr belastet, kann dadurch ermittelt werden, dass sämtliche Anordnungen, die aufs neue Jahr erfolgen, im Rahmen der

Visakontrolle dem Rechnungsprüfungsamt vorgelegt werden müssen und von ihm entsprechend ausgewertet werden. Im Bericht über die Prüfung der Jahresrechnung sind die unzulässigen Buchungen zu nennen; der Kämmerer ist aufzufordern, seine Verfügungen künftig nach dem geltenden Haushalts- und Kassenrecht auszurichten. Dabei kann ihn auch nicht das Argument entschuldigen, dass er seine Termine aufgrund von Vorgaben der ADV gesetzt habe. ADV-Termine haben sich dem geltenden Recht unterzuordnen.

Kaum lösbar für das örtliche Rechnungsprüfungsamt sind die Fälle, in denen aufgrund von Vorgaben des Kreises im Bereich der Sozialhilfe rechtswidrige Buchungen veranlasst werden. Neben der normalen Beanstandung an den Hauptverwaltungsbeamten, die er nicht ausräumen kann, ist ein Hinweis an das Rechnungsprüfungsamt des Kreises angebracht. Es sollte gebeten werden, das Bemühen des örtlichen Rechnungsprüfungsamtes zu unterstützen. Da in vielen Ländern das Rechnungsprüfungsamt des Kreises Gemeindeprüfungsamt ist und die überörtliche Prüfung durchzuführen hat, kommt es hier zu einer interessanten Konstellation, die zu einem Abstellen der rechtswidrigen Kreisverfügungen führen kann.

Führt das nicht zum gewünschten Erfolg, ist der Hauptverwaltungsbeamte aufzufordern, den Kreis als örtlichen Träger der Sozialhilfe zu veranlassen, die Hilfeleistungen unmittelbar aus dem Kreishaushalt durch die kreisangehörigen Gemeinden anordnen zu lassen. Als örtliches Rechnungsprüfungsamt kann man dann pragmatisch die Weiterverfolgung des Sachverhalts dem des Kreises überlassen.

Die Abwicklung der Sozialhilfe unmittelbar über den Kreishaushalt hat für die Gemeinde Folgen. Da die Sozialhilfekosten nicht mehr über den Gemeindehaushalt abgewickelt werden, verringert sich das Volumen des Haushalts entsprechend. Gleichzeitig steigen die Personalkosten im Verhältnis zu den Gesamtausgaben überproportional, was für Statistiken und Vergleiche mit anderen Gemeinden negativ angesehen werden kann. Gleichzeitig verringert sich das Volumen des in § 3 der Haushaltssatzung genehmigungsfrei festzusetzenden Höchstbetrages der Kassenkredite.

4.4.4 Vortrag in die Bücher des neuen Jahres

59   Im Rahmen der Jahresabschlussarbeiten sind gemäß § 34 GemKVO Bestände und Vorschüsse in die Bücher des neuen Jahres vorzutragen. Es ist Aufgabe des Rechnungsprüfungsamtes zu kontrollieren,

1. ob dies unter Berücksichtigung der bestehenden Vorschriften erfolgt ist und

2. ob der rechnungstechnisch notwendige Ausgleich der Vorschüsse/Bestände/ Reste gewährleistet ist.

Dabei gilt, dass ein istmäßiger Fehlbestand und ggf. neue Haushaltsausgabereste (HAR) im Verwaltungshaushalt durch Kasseneinnahmereste (KER) gedeckt wird, ein istmäßiger Fehlbestand im Vermögenshaushalt wird ggf. zusätzlich durch Haushaltseinnahmereste (HER) gedeckt. Schematisch ist folgendermaßen vorzugehen:

---

1. Verwaltungshaushalt

Fehlbestand/Vorschuss	_____	€
zzgl. neue HAR	_____	€
Summe	_____	€
gedeckt durch KER in Höhe von	_____	€
Differenz	0,00 €	

oder, bei einem geldmäßigen Kassenbestand:

neue HAR	_____	€
gedeckt durch Bestand in Höhe von	_____	€
gedeckt durch KER in Höhe von	_____	€
Differenz	0,00 €	

2. Vermögenshaushalt

Fehlbestand/Vorschuss	_____	€
zzgl. neue HAR	_____	€
Summe	_____	€
gedeckt durch KER in Höhe von	_____	€
gedeckt durch HER in Höhe von	_____	€
Differenz	0,00 €	

oder, bei einem geldmäßigen Kassenbestand:

neue HAR	_____	€
gedeckt durch Bestand in Höhe von	_____	€
gedeckt durch HER in Höhe von	_____	€
gedeckt durch KER in Höhe von	_____	€
Differenz	0,00 €	

Weiterhin ist vom Rechnungsprüfungsamt die Kassenlage zum Abschlusstag und während des gesamten Jahres zu beurteilen. Die Kassenlage zum Abschlusstag ist eine Momentaufnahme, die keine klare Aussage zur geldmäßigen Situation der Kasse gibt. Vielmehr ist es erforderlich, das gesamte Jahr zu untersuchen. Dabei wird festgestellt, ob z. B. gleichzeitig Kassenkredite aufgenommen und Gelder auf einem Festgeldkonto angelegt worden sind. Wirtschaftlich bedeutsam ist auch die Untersuchung, ob Kassenkredite beim günstigsten Anbieter oder unmittelbar bei der Hausbank aufgenommen worden sind, ohne dass die günstigsten Konditionen im Wettbewerb ermittelt worden wären.

4.4.5 Kassenreste

60 Der Begriff der Kassenreste wird nicht näher definiert. Aus den vorgeschriebenen Mustern geht hervor, dass sowohl Kasseneinnahme- als auch Kassenausgabereste gebildet werden können.

Kasseneinnahmereste ergeben sich bei Einnahmehaushaltsstellen aus der Differenz zwischen Kassensoll und Kassenist. Es handelt sich also um nichts anderes als offene Forderungen zum Stichtag 31. 12. eines jeden Jahres. Im Rahmen der Kassenprüfungen ist vom Rechnungsprüfungsamt zu überwachen, ob diese offenen Forderungen rechtzeitig beigetrieben werden. Hinsichtlich der näheren Einzelheiten zu den Kasseneinnahmeresten wird auf Schwarting, Der kommunale Haushalt, Kap. V Nr. 4.1.2 verwiesen.

Während bei den Kasseneinnahmeresten das Rechnungsprüfungsamt zu untersuchen hat, ob sie mit dem nötigen Nachdruck ausgeglichen werden, die Forderung also beigetrieben wird, ist es erforderlich, Kassenausgabereste an sich aus der Sicht der Prüfung zu beurteilen. Nach den geltenden Bestimmungen des Kassenrechts werden u.a. Kassenausgabereste beim Jahresabschluss in die Rechnung des neuen Jahres vorgetragen. Im Gegensatz zu Kasseneinnahmeresten findet man Kassenausgabereste i.d.R. nicht in der Jahresrechnung ausgewiesen. Dies ist damit begründet, dass das Kassen-Ausgabe-Soll nur dann höher sein kann als das Kassen-Ausgabe-Ist, wenn die Stadtkasse nicht mehr liquide ist, eine nach § 7 (2) GemKVO fällige Auszahlung zwar im Kassensoll gebucht, aber nicht mehr ausgezahlt wurde.

4.4.6 Rote Kassenausgabereste

61 Die gesetzliche Regelung hinsichtlich der Kassenausgabereste deckt nicht primär die Situation der Zahlungsunfähigkeit, sondern die der roten Kassenausgabereste ab. Rote Kassenausgabereste entstehen dann, wenn eine Überzahlung der Gemeinde von dem Empfänger gemäß Vertrag oder § 812 BGB zurückgefordert wurde und eine Annahmeanordnung durch Absetzen von der Ausgabe (teilweise wird sie auch als Rot-Absetzung oder Minus-Auszahlungsanordnung bezeich-

net) gefertigt wurde. In der letzten Zeit war verstärkt festzustellen, dass von Seiten einiger Gemeindeprüfungsämter der Ausweis von roten Kassenausgaberesten in der Jahresrechnung beanstandet wurde, weil die Übertragung roter Kassenausgabereste angeblich gegen die klare Trennung der jährlichen Einnahmen und Ausgaben im Sinne des § 31 (2) GemKVO verstoße. Sie verlangten, die Erstattung zuviel geleisteter Ausgaben als Einnahmen zu behandeln, wenn sie nicht mehr im Jahr der Auszahlung eingehen. Wenn zum Ende des Jahres ein bei einer Ausgabehaushaltsstelle rot abgesetzter Betrag nicht eingehe, müsse durch erneuten Zugang zur bereits erfolgten Absetzung diese ausgebucht werden. Der Betrag sei bei einer Einnahmehaushaltsstelle des neuen Jahres zum Soll zu stellen.

Diese Auffassung findet keine Stütze im geltenden Recht. Im Gegenteil: Die Normen fordern für die im vorherigen Absatz beschriebene Situation geradezu einen Ausweis der roten Kassenausgabereste. Nach § 6 (1) GemKVO darf die Gemeindekasse nur aufgrund einer schriftlichen Anordnung (Kassenanordnung) Einnahmen annehmen oder Ausgaben leisten, und die damit verbundenen Buchungen vornehmen. Unter den Begriff der Kassenanordnung fallen auch Änderungs- und Berichtigungsanordnungen, durch die einzelne Angaben nach §§ 7 und 8 GemKVO geändert oder berichtigt werden sollen. Im Falle der Verminderung des zur Annahme angeordneten Betrages ist eine Absetzungsanordnung zu erteilen.

§ 7 (2) GemKVO schreibt für Zahlungsanordnungen (also auch für Absetzungsanordnungen) vor, dass sie unverzüglich zu erteilen sind, sobald die Verpflichtung zur Leistung, der Zahlungspflichtige ..., der Betrag und die Fälligkeit feststehen. Nach Ziffer 5 VV zu § 7 GemKVO stellt der Fälligkeitsbegriff auf die rechtliche Fälligkeit einer Anforderung oder Verbindlichkeit im laufenden Haushaltsjahr ab. Scheel/Steup führen aus, dass unter Fälligkeitstag der Tag zu verstehen ist, an dem die Zahlung kraft Gesetzes oder Vertrages zu leisten ist. Fällt dieser Fälligkeitstag ins alte Haushaltsjahr, ist eine entsprechende Anordnung nach § 7 (2) GemKVO für dieses Haushaltsjahr zu fertigen, der Betrag zum Soll zu stellen und in den Sollabschluss nach § 42 (1) GemKVO einzubeziehen. Dies ist eindeutig und unmissverständlich. Alle Sollbeträge, die bis zum Ende des Jahres fällig geworden sind, müssen im Jahresabschluss nachgewiesen werden. Ausdrücklich legt § 42 (3) GemHVO fest, dass eine Zahlung, deren rechtliche Fälligkeit nicht ins Haushaltsjahr fällt, dem Haushaltsjahr auch nicht zugeordnet werden darf.

Bei einem roten Kassenausgaberest handelt es sich dem Wesen nach um eine Forderung der Gemeinde, die lediglich aufgrund des § 31 (2) GemKVO bei der Ausgabe absetzbar ist. Die kassentechnische Abwicklung ändert am Wesen nichts! Wurde eine zu hohe Zahlung geleistet, ist, wenn dies im Jahr der Zahlung festgestellt wird, eine Absetzungsanordnung zur Auszahlungsanordnung zu fertigen und die Forderung damit bei einer Ausgabehaushaltsstelle zum Soll zu stellen.

Ohne die Ausnahmeregelung des § 31 (2) GemKVO müsste der Betrag bei einer Einnahmehaushaltsstelle zu Soll gestellt werden; würde bis zum Jahresabschluss nicht gezahlt werden, gäbe es keine Diskussion darüber, dass ein Kasseneinnahmerest in die Bücher des neuen Jahres vorgetragen werden müsste. So muss aber die Forderung, die bis zum 31. 12. nicht ausgeglichen wird, als roter Kassenausgaberest in die Bücher des neuen Jahres gem. Nr. 3.32 VV zu § 34 GemKVO vorgetragen werden.

Ein Ausbuchen der Forderung, wie oben beschrieben, vor Jahresabschluss führt dazu, dass die bestehende Forderung in der Rechnung des alten Jahres nicht nachgewiesen wird, das Anordnungssoll auf der Ausgabeseite höher als tatsächlich zulässig ausgewiesen wird und damit eine rechnungstechnisch ausgeglichene Rechnung de facto einen Überschuss enthält. Neben der falschen Darstellung in der Jahresrechnung ist aus der Sicht des Rechnungsprüfungsamtes besonders auf die Gefahr des Untergangs einer offenen Forderung hinzuweisen, da eine Annahmeanordnung im alten Jahr auf eine Einnahmehaushaltsstelle des neuen Jahres wegen § 7 (2) GemKVO nicht gefertigt werden darf.

Die Wortwahl des § 31 GemKVO ist missverständlich. Zwar wird bei den Berichtigungen sowohl von Einnahmen als auch von Ausgaben von einem Zahlungsvorgang gesprochen („wenn die Rückzahlung im selben Jahr vorgenommen wird"), dennoch ergibt sich aus der Darstellung bei Scheel/Steup, Gemeindekassenrecht, S. 238, eindeutig, dass die Formulierung „vorgenommen" nicht auf den tatsächlichen Eingang einer Rückforderung abstellt, sondern auf die rechtliche Fälligkeit als Anordnungsvoraussetzung nach § 7 (2) GemKVO. Es gibt auch keinen Rechtfertigungsgrund, das Soll-Prinzip des Jahresabschlusses für einen kassentechnischen Vorgang zu durchbrechen. Im Rahmen der Prüfung der Jahresrechnung hat das Rechnungsprüfungsamt zu überwachen, ob Rotabsetzungen bei Ausgabehaushaltsstellen nach dieser Darstellung behandelt wurden.

4.4.7 Besondere Deckungsvermerke

62   Nach § 16 GemHVO NRW dienen sämtliche Einnahmen des Verwaltungshaushaltes insgesamt zur Deckung der Ausgaben des Verwaltungshaushalts und sämtliche Einnahmen des Vermögenshaushaltes insgesamt zur Deckung der Ausgaben des Vermögenshaushalts. Eine Ausnahme von diesem Grundsatz der Gesamtdeckung bildet § 17 GemHVO bzw. § 16 in den einzelnen Ländern. Im Rahmen der Experimentierklauseln hat sich die bisher überwiegend bundeseinheitliche Regelung der Zweckbindung unterschiedlich entwickelt. In den Bundesländern, in denen die Zweckbindung wie folgt oder ähnlich geregelt ist (z. B. Brandenburg, Hessen, Mecklenburg-Vorpommern),

(1) Einnahmen dürfen auf die Verwendung für bestimmte Ausgaben nur beschränkt werden, wenn dies durch Gesetz vorgeschrieben ist oder sich die Beschränkung zwingend aus der Herkunft oder der Natur der Einnahme ergibt. Die Zweckbindung ist durch Haushaltsvermerk auszuweisen. Sofern im Haushaltsplan nichts anderes bestimmt wird, dürfen zweckgebundene Mehreinnahmen für entsprechende Mehrausgaben eingesetzt werden.

(2) Im Haushaltsplan kann ferner bestimmt werden, dass Mehreinnahmen aus Entgelten für bestimmte Leistungen als Mehrausgaben zur Erbringung dieser Leistungen verwendet werden können.

gilt, dass, insgesamt vier Haushaltsvermerke angebracht werden können bzw. müssen:

1. Einnahmen sind auf die Verwendung für bestimmte Ausgaben zu beschränken, wenn sich dies aus rechtlicher Verpflichtung ergibt; diese mit Zweckbindungsvermerk versehenen Mehreinnahmen dürfen für entsprechende Mehrausgaben verwendet werden.

2. Wenn eine Beschränkung wegen des sachlichen Zusammenhangs gerechtfertigt ist, darf eine Zweckbindung auch über die Regelung gemäß vorstehender Nr. 1 erfolgen.

3. Durch entsprechenden Vermerk kann die Berechtigung, Mehreinnahmen für entsprechende Mehrausgaben zu verwenden, eingeschränkt werden.

4. Mehreinnahmen bei Entgelten für bestimmte Leistungen können als Mehrausgaben zur Erbringung dieser Leistungen verwendet werden.

In den Fällen der mit Nummer 1 bis 3 bezeichneten Deckungsvermerke handelt es sich um so genannte zweckgebundene Einnahmen, die zu einer unechten Deckung im Regelfall führen. Bei der Deckung nach Nummer 4 handelt es sich um die unechte Deckung nach § 17 (2) GemHVO bei Entgelten für bestimmte Leistungen.

In der Praxis kann oftmals festgestellt werden, dass Deckungsvermerke, welcher Art auch immer, großzügig angebracht werden. Dabei verfolgen die Kämmerer das Ziel, die Notwendigkeit überplanmäßiger Mittelbereitstellungen bei bestimmten Ausgabehaushaltsstellen zu umgehen. So finden sich Zweckbindungsvermerke, teilweise auch ohne Differenzierung nach den o. g. drei Möglichkeiten bei Haushaltsstellen der Gruppen 11, 16, 17, 24, 25, und 36. Auch ein Vermerk bei der Einnahmehaushaltsstelle „Gewerbesteuer" zugunsten der Ausgabehaushaltsstelle „Gewerbesteuerumlage" ist nicht außergewöhnlich. *63*

Aufgrund des Wortlautes in § 17 bzw. 16 (1) Satz 1 GemHVO (Einnahmen dürfen ... nur beschränkt werden ...) ergibt sich, dass Zweckbindungsvermerke nur in absoluten Ausnahmefällen angebracht werden können. Nach Scheel/Steup können Zweckbindungen im Vermögenshaushalt nur noch für zweckgebundene Zuschüsse für Investitionen, für Beiträge und für sonstige vermögenswirksame Einnahmen in Frage kommen, bei denen sich die Zweckbindung aus der Herkunft der Einnahmen ergibt. Dies sind in der Regel staatliche Zuschüsse und Spenden Dritter. Gleiches gilt auch für Ansätze des Verwaltungshaushaltes, so dass sich automatisch eine Beschränkung auf Haushaltsstellen der Gruppen 17 und 36 ergibt.

Im Rahmen der Ausprobierens neuer Instrumente hat NRW § 17 GemHVO völlig neu gefasst. Er lautet:

(1) Einnahmen des Verwaltungshaushalts können auf die Verwendung für bestimmte Ausgaben beschränkt werden. Sie sind in ihrer Verwendung zu beschränken, wenn sich dies aus rechtlicher Verpflichtung ergibt. Das gleiche gilt für Einnahmen des Vermögenshaushalt.

(2) Es kann bestimmt werden, dass im Verwaltungshaushalt Mehreinnahmen bestimmte Ausgabeermächtigungen erhöhen bzw. Mindereinnahmen bestimmte Ausgabeermächtigungen vermindern. Zweckgebundene Mehreinnahmen dürfen nur für entsprechende Mehrausgaben verwendet werden. Das gleiche gilt für den Vermögenshaushalt.

Aus der Ausnahmeregelung wurde eine generelle Zulassung von Deckungsvermerken. Die damit eingeräumte Dispositionsmöglichkeit reduziert tatsächlich eine flexible Bewirtschaftung der Haushaltmittel. Mehreinnahmen dienen nicht zur Deckung des Gesamthaushalts, sondern müssen bei den Einnahmen abgesetzt und in die Bücher des neuen Jahres vorgetragen werden. Aus der Sicht der Prüfung kann die Beachtung des Vermerks dann von besonderem Interesse sein, wenn es durch die Absetzung der Mehreinnahmen zu einem Defizit in der Rechnung kommt. Der Kämmerer kann den Vermerk im Fall des finanziellen Engpasses nicht ignorieren, sondern ist gezwungen – bei bislang ausgeglichenem Haushalt – ein Haushaltssicherungskonzept aufzustellen.

Bei dieser Formulierung kommen folgende Vermerke in Betracht:

1. Freiwillige Beschränkung nach Abs. 1 Satz 1

2. Pflichtbeschränkung nach Abs. 1 Satz 2

3. Mehreinnahmen berechtigen zu Mehrausgaben

4. Mindereinnahmen reduzieren den Ausgabeansatz.

Die Zweckbindungsbestimmungen sind die einzigen im Haushaltsrecht, bei denen nicht das Soll, sondern das tatsächliche Kassenist von entscheidender Bedeutung ist. Bei einem Vermerk gem. Nr. 4 der vorstehenden Aufzählung bedeutet dies, dass Inanspruchnahme von Ausgabeermächtigungen zuerst Einnahmen in der Stadtkasse vorhanden sein müssen. Ansonsten ist die Umsetzung des Vermerks nicht möglich.

63 a   Im NKF-Recht NRW sind die Regelungen zur unechten Deckung an 2 Stellen festgeschrieben. Nach § 21 Abs. 2 GemHVO kann bestimmt werden, dass Mehrerträge bestimmte Ermächtigungen für Aufwendungen erhöhen und Mindererträge bestimmte Ermächtigungen für Aufwendungen vermindern. Das Gleiche gilt für Mehreinzahlungen und Mindereinzahlungen für Investitionen. Die Mehraufwendungen oder Mehrauszahlungen gelten nicht als überplanmäßige Aufwendungen oder Auszahlungen. Regelungen zur Zweckbindung enthält § 22 Abs. 3: „Sind Erträge oder Einzahlungen auf Grund rechtlicher Verpflichtungen zweckgebunden, bleiben die entsprechenden Ermächtigungen zur Leistung von Aufwen-

dungen bis zur Erfüllung des Zwecks und die Ermächtigungen zur Leistung von Auszahlungen bis zur Fälligkeit der letzten Zahlung für ihren Zweck verfügbar."

§ 21 Abs. 2 GemHVO entspricht den Regelungen des § 17 Abs. 2 GemHVO NRW – Kameralistik –. Aus der Formulierung „kann bestimmt werden" ist zu folgern, dass dies mit einem Haushaltsvermerk oder einem gesonderten Beschluss des Rates erfolgen muss. Das NKF-Recht sieht keine Regelung zu Haushaltsvermerken vor. Prüfungsseitig ist darauf hinzuweisen, dass eine Bestimmung erfolgen muss, wenn von der flexiblen Handhabung des Budgets Gebrauch gemacht werden soll. Diese Regelung gilt sowohl für den Ertrags- als auch für den Finanzplan; die Kommentierung von Freytag u.a. ist in diesem Bereich etwas ungenau. § 21 Abs. 2 S. 1 regelt die Vorgehensweise im Ertragsplan und spricht deshalb von Mehrerträgen und Aufwendungen. Diese Begriffe passen nicht auf den Finanzplan, der nur von Einzahlungen und Auszahlungen spricht (weil er notwendig ist, um haushaltsmäßig die Investitionen festzulegen). Deshalb war eine gesonderte Regelung in § 21 Abs. 2 S. 2 für die Investitionen notwendig.

§ 22 Abs. 3 regelt die Zweckbindung aufgrund rechtlicher Verpflichtung. Er entspricht der Formulierung bei Rand-Nr. 62 (Einnahmen dürfen auf die Verwendung für bestimmte Ausgaben nur beschränkt werden, wenn dies durch Gesetz vorgeschrieben ist oder sich die Beschränkung zwingend aus der Herkunft oder der Natur der Einnahme ergibt), ohne dass allerdings ein Vermerk angebracht werden muss.

Nicht geändert hat sich bei den gewillkürten Übertragungen nach § 21 GemHVO, dass sich der Ertrag bzw. die Einzahlung in der „Kasse" befinden muss, um Mehraufwendungen bzw. -auszahlungen leisten zu dürfen.

4.4.8 Haushaltsüberschreitungen

Grundsätzlich sind die Haushaltsansätze bindend und dürfen nicht überschritten **64** werden. Eine Ausnahme findet sich in den vorstehend beschriebenen Regelungen, wonach ohne weiteres eine Überschreitung des Haushaltsansatzes erfolgen kann. Dabei handelt es sich um eine echte Erhöhung des Haushaltsvolumens, da vorhandene Mehreinnahmen zu Mehrausgaben herangezogen werden dürfen. Eine weitere Form der Haushaltsüberschreitung ist die mit Hilfe eines Haushaltsvermerks nach § 18 GemHVO (echte Deckungsfähigkeit); sie führt nicht zu einer Änderung des Haushaltvolumens. Als Folge der Experimentierklausel wurde – anders als in den meisten Ländern – in Nordrhein-Westfalen auch § 18 GemHVO neu gefasst. Wie beim Zweckbindungsrecht bestehen hier unterschiedliche Regelungen.

Die „klassische Regelung" hat folgenden Wortlaut:

(1) Wenn im Haushaltsplan nichts anderes bestimmt wird, sind die Ausgaben in den einzelnen Sammelnachweisen gegenseitig deckungsfähig. Das gleiche gilt

für die Personalausgaben, auch wenn sie nicht in einem Sammelnachweis veranschlagt sind.

(2) Ausgaben im Verwaltungshaushalt können ferner für gegenseitig oder einseitig deckungsfähig erklärt werden, wenn sie sachlich zusammenhängen.

(3) Abs. 2 gilt auch für Ausgaben im Vermögenshaushalt.

(4) Verfügungsmittel dürfen nicht für deckungsfähig erklärt werden.

(5) Bei der Deckungsfähigkeit können die deckungsberechtigten Ausgabeansätze zu Lasten der deckungspflichtigen Ansätze erhöht werden.

Bei dieser Rechtslage hat das Rechnungsprüfungsamt im Rahmen der Prüfung der Jahresrechnung zu überprüfen, ob

a) eine Sollübertragungsanordnung nach VV Nr. 2 zu § 18 GemHVO erfolgt ist und

b) ob nicht später bei der deckungsverpflichteten Haushaltsstelle eine überplanmäßige Ausgabe notwendig geworden ist.

65   Als Folge der immer öfter anzutreffenden Budgetierung im Rahmen der neuen Steuerungsmodelle wird vermehrt auf die Bildung von Sammelnachweisen verzichtet. Damit geben die Gemeinden die gesetzliche Fiktion der gegenseitigen Deckungsfähigkeit der einzelnen Ausgaben in den Sammelnachweisen auf. Um die bisher erreichte Handlungsfähigkeit zu behalten, ist nunmehr das Anbringen von Haushaltsvermerken nach § 18 Abs. 2 GemHVO erforderlich. Um bei der Bewirtschaftung der bisher im Sammelnachweis veranschlagten Haushaltsmittel den Gemeinden ein betriebswirtschaftlichen Instrumentarium zu verschaffen, wurde in § 18 Abs. 2 GemHVO festgelegt, dass Ausgaben im Verwaltungshaushalt für gegenseitig oder einseitig deckungsfähig erklärt werden können, wenn sie sachlich zusammenhängen. Bis Ende des Haushaltsjahres 1995 mussten sie noch sachlich eng zusammenhängen. Die Restriktionen für den Vermögenshaushalt wurden gestrichen, gegenseitige Deckungsvermerke sind nunmehr im Vermögenshaushalt wie im Verwaltungshaushalt möglich.

Besonders sind die kraft Gesetzes gültigen Deckungsverbünde im Sammelnachweis zu überprüfen. Der Grundsatz der gegenseitigen Deckungsfähigkeit im Sammelnachweis beinhaltet eine horizontale und vertikale Deckung, nicht aber eine diagonale. Sind Verwaltungs- und Betriebsausgaben im Sammelnachweis veranschlagt, sind führt das zu einer gegenseitigen Deckungsfähigkeit z. B. von Energiekosten bei allen Unterabschnitten. Bei einem bestimmten Unterabschnitt wiederum sind alle Arten von Betriebsausgaben gegenseitig deckungsfähig. Dagegen sind die Energiekosten beim Unterabschnitt 020 nicht für die Unterhaltungskosten für Gebäude beim Unterabschnitt 750 deckungsfähig; hier handelte es sich dann um eine – verbotene – diagonale Deckung.

Ganz neue Regelungen enthält nunmehr § 18 GemHVO NRW: *65 a*

(1) Ausgaben des Verwaltungshaushalts können für gegenseitig oder einseitig deckungsfähig erklärt werden. Das gleiche gilt auch für Ausgaben im Vermögenshaushalt.

(2) Ausgaben des Verwaltungshaushalts können zugunsten von Ausgaben des Vermögenshaushalts für einseitig deckungsfähig erklärt werden, wenn sie demselben funktional begrenzten Aufgabenbereich zuzuordnen sind. Die zur Deckung in Anspruch genommen Ausgabemittel sind über die Zuführung gemäß § 22 Abs. 1 hinaus dem Vermögenshaushalt zuzuführen.

(3) Einzelne Verpflichtungsermächtigungen können für gegenseitig oder einseitig deckungsfähig erklärt werden.

Die konsequente Umsetzung des Absatzes 1 ist nichts anderes als die Aufgabe des Grundsatzes der sachlichen Bindung. Denkbar ist nunmehr, dass Personalausgaben im Einzelplan 1 mit den Sachausgaben im Einzelplan 6 für deckungsfähig erklärt werden. Auch wenn eingewendet werden mag, dass dies keinen Sinn mache, ist dieser Unsinn rechtmäßig. Das Rechnungsprüfungsamt kann derartige Handlungsweisen nur zur Kenntnis nehmen und evtl. kommentieren.

Im Zuge der Umgestaltung der Haushaltswirtschaft wird immer mehr von einem Produkthaushalt gesprochen, ohne jedoch den Begriff „Produkt" genau zu beschreiben. Es liegt im natürlichen Spannungsverhältnis von Verwaltung und Rat, dass die Verwaltung sich gerne der Fesseln entledigen möchte, die der Grundsatz der sachlichen Bindung anlegt. Budgets und Deckungsringe sind hierfür ein besonders geeignetes Hilfsmittel, da die Beschränkungen, die eine Veranschlagung im Sammelnachweis (SN) auferlegte, weggefallen sind: Die Ansätze im SN waren entweder horizontal oder vertikal gegenseitig deckungsfähig, nie aber diagonal. Die im vorstehenden Absatz beschriebene Querdeckung ist nunmehr haushaltsrechtlich zulässig.

Noch weiter geht das NKF-Recht NRW. Nach § 21 Abs. 1 GemHVO (können) *65 b* zur flexiblen Haushaltsbewirtschaftung Erträge und Aufwendungen zu Budgets verbunden werden. In den Budgets ist die Summe der Erträge und die Summe der Aufwendungen für die Haushaltsführung verbindlich. Die Sätze 1 und 2 gelten auch für Einzahlungen und Auszahlungen für Investitionen.

Dies ist folgerichtig zu den Bestimmungen über Ziele und Kennzahlen zur Zielerreichung und macht den wesentlichen Inhalt der Output-orientierten Planung deutlich. Es kommt nicht mehr darauf an, welche Haushaltsmittel verausgabt werden sollen oder dürfen, sondern nur noch, ob die vom Rat vorgegebenen Ziele erreicht werden. Im Bereich der Budgets ist es dann unerheblich, ob diese Ziele mit eigenem Personal oder durch die Leistung Dritter erreicht werden. Die Regelungen, die unter Rand-Nr. 65 a massiv kritisiert worden sind, machen nämlich im neuen gesetzlichen Kontext durchaus Sinn und entsprechen dem Gedanken einer modernen Leistungsverwaltung.

Das Rechnungsprüfungsamt hat sich vor diesem Hintergrund neu zu positionieren: Da das Recht es in das Belieben der Verwaltung stellt, mit welchen Mitteln Ziele erreicht werden, hat das Rechnungsprüfungsamt zu prüfen, ob die gewählten Mittel dem geltenden Recht entsprechen und ob die von der Verwaltung als erreicht dargestellten Ziele tatsächlich erreicht worden sind.

66   Im Übrigen sind über- und außerplanmäßige Ausgaben nur dann zulässig, wenn der Kämmerer sie z. B. nach § 82 (1) GO NRW oder § 81 GO Brandenburg genehmigt hat. Da andere Gemeindeordnungen teilweise von den Bestimmungen des nordrhein-westfälischen Rechts (z. B. ist in Hessen der Gemeindevorstand nach § 100 HGO zuständig, in Niedersachsen der Bürgermeister nach § 89 NGO) abweichen, soll hier ausschließlich anhand des nordrhein-westfälischen Rechts geprüft werden:

1. Ausschließlich der Kämmerer ist für die Entscheidung über die Leistung von über- oder außerplanmäßigen Ausgaben zuständig, sofern der Rat keine andere Regelung trifft. Dies gilt auch, wenn sie erheblich sind. In den Fällen der Erheblichkeit ist vor Entscheidung des Kämmerers die Zustimmung des Rates einzuholen. Allein die Zustimmung des Rates kann aber die Entscheidung des Kämmerers über die Genehmigung nicht ersetzen. Es handelt sich hierbei also um zwei autonome und eigenständige Entscheidungen. Schließlich obliegt es dem Kämmerer zu überprüfen, ob die Ausgaben unabweisbar sind und die Deckung im laufenden Haushaltsjahr gewährleistet ist – es sei denn, es handelt sich um geringfügige über- und außerplanmäßige Ausgaben bei einer Haushaltsstelle. Selbst wenn der Rat einer nordrhein-westfälischen Gemeinde der Auffassung sein sollte, dass aus politischen Gründen eine ganz bestimmte Ausgabe geleistet werden sollte, ersetzt der Beschluss des Rates nicht die Entscheidung des Kämmerers. Denn wenn dieser aufgrund seiner Übersicht über das Haushaltsgeschehen zu dem Ergebnis kommt, dass mit der Bereitstellung überplanmäßiger oder außerplanmäßiger Ausgaben der Haushaltsausgleich gefährdet ist, darf er trotz eines eindeutigen Votums des Rates die Haushaltsmittel nicht bereitstellen. § 43 Abs. 4 Buchstabe c GO NRW greift diesen Gedanken auf und bestimmt, dass die Ratsmitglieder dann der Gemeinde für einen Schaden haften, wenn sie der Bewilligung von Ausgaben zugestimmt haben, für die die Haushaltssatzung eine Ermächtigung nicht vorsah, wenn nicht gleichzeitig die erforderlichen Deckungsmittel bereitgestellt werden.

2. Neben der Deckungsvoraussetzung müssen über- und außerplanmäßige Ausgaben unabweisbar sein, um vom Kämmerer bereitgestellt werden zu können. Vor dem Hintergrund der Veranschlagungsverpflichtung nach § 7 (1) GemHVO NRW können über- oder außerplanmäßige Mittel nur dann unabweisbar sein, wenn sie bei der Verabschiedung des Haushalts nicht vorhersehbar waren (so ist es z. B. in § 52 KV M-V geregelt). Hat z. B. der Kämmerer für dringende

Reparaturmaßnahmen Haushaltmittel im Verwaltungshaushalt vorgesehen, der Rat diese Mittel im Rahmen der Haushaltsplanberatungen nicht veranschlagt, können im laufenden Jahr für diese Maßnahme keine über- oder außerplanmäßigen Mittel bereitgestellt werden. Dies gilt insbesondere auch dann, wenn der bereitzustellende Betrag nicht erheblich ist, die Zustimmung der Rates also nicht benötigt wird. Hier verstieße die Bereitstellung durch den Kämmerer gegen das Etatrecht des Rates.

Sicherlich wird seitens des Kämmerers – und solche Fälle sind nicht selten – entgegengehalten, dass ohne Durchführung der Reparaturmaßnahme sich ein bereits eingetretener Schaden vergrößere. Das undichte Dach ist der typischer Fall, wo das Hochbauamt die Notwendigkeit einer Reparatur erkannte, der Kämmerer die Mittel einplante und der Rat sie – aus welchen Gründen auch immer – nicht bereitstellte. Im Laufe des Jahres zeigt sich, dass die Beurteilung der Bausubstanz durch das Hochbauamt richtig, die Einschätzung des Rates falsch war.

Erleidet die Gemeinde infolge eines Ratsbeschlusses einen Schaden, haften nach § 43 Abs. 4 GO NRW die Ratsmitglieder, wenn sie u.a. in vorsätzlicher oder grob fahrlässiger Verletzung ihrer Pflicht gehandelt haben. Sicherlich kommt es auf die Ausgestaltung des Einzelfalls an; wenn sie eine grob fahrlässige Pflichtverletzung begangen haben, gibt es keinen sachlichen Rechtfertigungsgrund dafür, sie mit einem Gesetzesverstoß (unzulässige Mittelbereitstellung nach § 82 GO NRW) aus ihrem Obligo zu entlassen.

Für das Rechnungsprüfungsamt stellt sich somit die Aufgabe, im Rahmen der *67* Prüfung der Jahresrechnung festzustellen, ob Mittel über- oder außerplanmäßig bereitgestellt worden sind, die unter den engen Voraussetzung des § 82 (1) GO NRW nicht hätten bereitgestellt werden dürfen. Dass gerade die unter Nr. 2 beschriebene Prüfung äußerst heikel ist, ist dem Verfasser durchaus bewusst. Auch wird in der Praxis sicherlich ein Weg gefunden werden, die Angelegenheit zu bereinigen und die Reparaturmaßnahme über den städtischen Haushalt abwickeln zu lassen. Auch steht fest, dass durch die durchzuführende Maßnahme in dem kurz beschriebenen Beispiel kein Schaden entstanden ist. Hätte der Rat nämlich die beantragten Mittel bereitgestellt, wäre repariert worden; das wirtschaftliche Ergebnis wäre also gleich. Auf welch einem schmalen Grat ein Rat bei seinen Entscheidungen oftmals geht, sollte hier verdeutlicht werden; ein Sachverhalt, bei dem der Gemeinde tatsächlich ein Schaden entsteht, ist leicht zu konstruieren.

Im Zusammenhang mit der überplanmäßigen Mittelbereitstellung ist oftmals *68* festzustellen, dass über- oder außerplanmäßige Ausgaben nachträglich vom Kämmerer genehmigt werden. Die nachträgliche Genehmigung von über- oder außerplanmäßigen Ausgaben durch den Kämmerer ist unzulässig, da im Vorfeld eine Entscheidung bereits getroffen worden ist. Dies kommt dann vor, wenn ein Beamter oder Angestellter der Stadt Aufträge erteilt hat, ohne die erforderliche Eintragung in die Haushaltsüberwachungsliste vorzunehmen, die Haushaltsüberwachung also nicht funktioniert hat. Die mag im Einzelfall gute Gründe haben, etwa dann wenn dringende Reparaturmaßnahmen beauftragt werden müssen (z. B. Rohrbruch), um einen größeren Schaden von der Gemeinde fernzuhalten. Selbst wenn der Mitarbeiter nach Auftragserteilung die erforderliche Genehmigung beim Kämmerer beantragte, wäre es unter formalen Gesichtspunkten für eine Genehmigung bereits zu spät. Oftmals wird aber auch die nachträgliche Sanktion nicht beantragt; spätestens bei Vorlage der Unternehmerrechnung fällt auf, dass keine Mittel mehr vorhanden sind.

Wenn im Rahmen der Prüfung der Jahresrechnung festgestellt werden sollte, dass Ausgabeverpflichtungen bereits eingegangen worden sind und die Genehmigung des Kämmerers nachgeholt wird, ist dies zu beanstanden. Der Text der GO NRW ist insoweit eindeutig: Über die Leistung dieser Ausgaben entscheidet der Kämmerer und nicht der Mitarbeiter vor Ort. Diese Regelung hat Tradition:

Vorläufer des § 82 (1) GO NRW war § 93 GO NRW a. F., wonach im Falle über- oder außerplanmäßiger Ausgaben, die keinen Aufschub duldeten oder unerheblich waren, der Kämmerer die Zustimmung zur Leistung erteilen konnte, soweit der Rat keine andere Regelung getroffen hatte. Gem. § 94 GO NRW a. F. wurde ein Beamter oder Angestellter der Gemeinde zum Schadensersatz verpflichtet, wenn er ohne die erforderliche Zustimmung eine über- oder außerplanmäßige Ausgabe leistete oder Anordnungen traf, durch die eine Verbindlichkeit der Gemeinde entstehen konnte. Eine ähnliche Regelung fand sich in § 140 des preußischen Gemeindefinanzgesetzes von 1933, wonach eine Haftung der Beamten für den Fall bestand, dass sie ohne Genehmigung des Leiters der Gemeinde eine über- oder außerplanmäßige Ausgabe leisteten, es sei denn, dass die Ausgabe zur Abwendung einer nicht voraussehbaren dringenden Gefahr erforderlich war und dem Leiter der Gemeinde mit dem Antrag auf nachträgliche Genehmigung sofort Anzeige erstattet wurde.

Die Vorläuferregelungen des § 82 (1) GO NRW machen gemeinsam mit den in ihrem Zusammenhang stehenden Haftungsregelungen deutlich, dass über- oder außerplanmäßige Ausgaben nur mit vorheriger Zustimmung des Kämmerers geleistet bzw. Verpflichtungen eingegangen werden dürfen. An diesem Ergebnis ändert auch die Tatsache nichts, dass die Haftungsregelungen der Beamten und Angestellten nicht in das neue Haushaltsrecht aufgenommen worden sind; die Haftung richtet sich nach den Bestimmungen des Beamten- bzw. Angestelltenrechts.

Die Notwendigkeit, die Bestimmungen so eng wie dargestellt auszulegen ergibt sich aus der dem Kämmerer zugewiesenen Prüfungskompetenz hinsichtlich der Deckung. Nur er ist in der Lage zu beurteilen, ob durch über- oder außerplanmäßigen Ausgaben der Haushaltsausgleich gefährdet wird. Diese Aufgabe kann er nur dann entsprechend dem Gesetzeszweck erfüllen, wenn er vorher über die beabsichtigte Mehrausgabe informiert wird und unter Ausübung des pflichtgemäßen Ermessens seine Entscheidungen treffen kann.

Wenn die nachträgliche Genehmigung von erfolgten über- oder außerplanmäßigen Ausgaben im Laufe des Jahres unzulässig ist, ist die Genehmigung von über-

oder außerplanmäßigen Ausgaben des vorherigen Jahres zum Anfang des neuen Jahres ebenfalls unzulässig. Hier greift zusätzlich das Prinzip der Jährlichkeit ein, dass sicherstellt, dass nach dem 31. 12. keine rechtlichen Entscheidungen mehr für das abgelaufene Haushaltsjahr getroffen werden können. Dies gilt auch, wenn die vorherige Zustimmung des Rates erforderlich ist. Konnte diese bis zur Leistung der Ausgaben nicht eingeholt werden, und somit der Kämmerer nicht über die Mittelbereitstellung entscheiden, muss in der Jahresrechnung eine nicht genehmigte überplanmäßige oder außerplanmäßige Ausgabe ausgewiesen werden. Im Rahmen der Prüfung der Jahresrechnung hat das Rechnungsprüfungsamt zu untersuchen, ob dies erfolgt ist.

4.4.9 Haushaltsausgabereste

Nach § 18 oder 19 der Gemeindehaushaltsverordnungen der meisten Länder *69* bleiben Ausgabeermächtigungen im Vermögenshaushalt bis zur Fälligkeit der letzten Zahlung für ihren Zweck verfügbar. Im Verwaltungshaushalt können Ausgabeermächtigungen für übertragbar erklärt werden, wenn die Übertragbarkeit eine wirtschaftliche Aufgabenerledigung fördert, in Schleswig-Holstein sind zusätzlich die Ausgaben für die Unterhaltung der Grundstücke, der baulichen Anlagen und des sonstigen unbeweglichen Vermögens übertragbar. In diesem Fall ist ein entsprechender Übertragbarkeitsvermerk bei der Haushaltsstelle anzubringen. Die Forderung nach der wirtschaftliche Aufgabenerledigung durch die Übertragbarkeit ist nach wie vor geltendes Recht in der überwiegenden Zahl der Länder. Aber auch hier hat es in den vergangenen Jahren unterschiedliche Entwicklungen gegeben. Die bisherige Rechtslage wird in den beiden folgenden Absätzen behandelt..

Das Rechnungsprüfungsamt hat zu überprüfen, ob das Anbringen der Vermerke im Verwaltungshaushalt sowie die Übertragung in beiden Teilhaushalten im Interesse der Haushaltsklarheit und -wahrheit sowie unter Berücksichtigung des Prinzips der Jährlichkeit restriktiv gehandhabt worden ist. Beide Absätze des § 19 stellen keinen Regelfall dar, sondern sind nur die Reparaturvorschrift für einen nicht funktionierenden § 7 (1) GemHVO, greifen als nur in den Fällen, in denen die Veranschlagung – aus welchen Gründen auch immer – nicht den tatsächlichen Erfordernissen und Notwendigkeiten entsprach. Dies ist im Vermögenshaushalt bei längerfristigen Baumaßnahmen nichts außergewöhnliches, im Verwaltungshaushalt muss dagegen nachgewiesen werden, dass es durch die Übertragung es zu einer wirtschaftlicheren Aufgabenerledigung kommt. Die Voraussetzung des Übertragbarkeitsvermerks im Verwaltungshaushalt entspricht dem Grundsatz der sparsamen und wirtschaftlichen Haushaltsführung wie er z. B. in § 77 GO BW oder in § 90 GO LSA festgeschrieben ist. Mit dieser Neuregelung (der alte Text ging von einer sparsamen Mittelbewirtschaftung als Voraussetzung für die Übertragbarkeit aus) wird versucht, dem sog. Novemberfieber auf dem Verordnungswege zu begegnen. Dabei soll der mittelbewirtschaftenden Organisationseinheit die Möglichkeit eröffnet werden, Wenigerausgaben im laufenden

Haushaltsjahr als „erspart" zu betrachten und im neuen Jahr für die laufenden Aufgaben auszugeben. Da die Haushaltsausgabereste im Verwaltungshaushalt nur ins nächste, nicht aber ins übernächste Jahr übertragen werden dürfen, kann es – bei einem tatsächlich geringeren Geldbedarf für die betrachtete Organisationseinheit – am Ende des nächsten Jahres erneut zur Bildung von Haushaltsausgaberesten kommen. Dabei werden die alten Haushaltsausgabereste nicht weiter übertragen, vielmehr wird aus der Ausgabeermächtigung dieses Jahres der Haushaltsausgaberest gebildet. Erfolgt die Haushaltsausgaberest-Bildung über mehrere Jahre in gleicher Höhe, ist das mehr als ein starker Hinweis auf zu hohe Veranschlagung.

70   Typischerweise operieren Kämmerer auch deshalb mit Übertragbarkeitsvermerken im Verwaltungshaushalt, weil sie ihnen erhebliche Dispositionsmöglichkeiten verschaffen. Zum einen belastet die Bildung eines Haushaltsausgaberestes im Verwaltungshaushalt das Sollabschlussergebnis; die Zuführungen zum Vermögenshaushalt werden verringert und damit der Rahmen der möglichen Kreditfinanzierung erhöht. Wenn sich dann im folgenden Jahr herausstellt, dass der gebildete Haushaltsausgaberest nicht oder in nicht der vollen Höhe erforderlich war und somit in Abgang gebracht werden muss, erhält der Kämmerer eine Manövriermasse, die faktisch nicht mehr der Kontrolle des Rates unterliegt.

Neues Recht wurde in NRW geschaffen. Die entsprechende Vorschrift lautet jetzt:

Ausgabeermächtigungen im Verwaltungshaushalt sind übertragbar; werden sie übertragen, bleiben sie bis zum Ende des folgenden Haushaltsjahres verfügbar.

Damit gilt die Darstellung in Rand-Nr. 69 für das Haushaltsrecht in Nordrhein-Westfalen nicht mehr. Im Rahmen der neuen Steuerungsmodelle wurde als Folge der Experimentierklausel der Grundsatz der Jährlichkeit in das Belieben des Rates gestellt. Wenn er einen Übertragbarkeitsvermerk, der an keiner weiteren gesetzlichen Bedingungen geknüpft ist, an einer Haushaltsstelle anbringt, so gilt die Ausgabeermächtigung für zwei Jahre. Ob die tatsächliche Übertragung wirtschaftlich sinnvoll ist oder ob die Verwaltung sich praktisch einen „Sparstrumpf" anlegt, ist rechtlich unerheblich und somit vom Rechnungsprüfungsamt nicht prüfbar. Es gibt keine Vorschrift, die beanstandet werden könnte, es sei denn, die Verwaltung missachtet das Verbot, über einen Zeitraum von zwei Jahren die Haushaltsmittel zu übertragen.

Welche Konsequenzen das haben kann, soll an einem Beispiel aufgezeigt werden:

Bei der HHSt. „Gewerbesteuerumlage" wird ein Übertragbarkeitsvermerk angebracht. Bei der Planung hat der Kämmerer korrekt gerechnet und den Haushaltsansatz rechnerisch richtig ausgewiesen. Im Laufe des Haushaltsjahres treten 2 nicht vorhersehbare Ereignisse ein: Die Gewerbesteuereinnahmen sinken und die Gewinnabführung der städtischen Gesellschaften steigt. Im Beispiel sollen die

Gewerbesteuerausfälle in betragsmäßig gleicher Höhe durch die v.g. Mehreinnahmen gedeckt werden.

Als Folge der geringeren Isteinnahmen bei der Gewerbesteuer sinkt auch die Gewerbesteuerumlage. Somit ergibt sich für den Haushalt eine Verbesserung in Höhe dieser ersparten Ausgaben bei der Umlage. Mit dem Haushaltsvermerk bei dieser HHSt. hat der Kämmerer nun die Möglichkeit, durch Bildung eines HAR den Sollabschluss zu belasten, damit die Verbesserung für den Rat nicht sichtbar wird. Dieses Vorgehen ist nicht zu beanstanden.

Die „Selbstbeschneidung" des Etatrechts des Rates wird durch die Formulierung „Ausgabeermächtigungen im Verwaltungshaushalt" noch zusätzlich verstärkt. Altes Recht in NRW und aktuelles Recht in den meisten anderen Ländern sprach bzw. spricht von „Ausgaben des Verwaltungshaushalts". Das waren alle Haushaltsansätze. Ausgabeermächtigungen im VwHH sind auch die Bereitstellung über- oder außerplanmäßiger Mittel durch den Kämmerer, die er auch ohne Haushaltsvermerk übertragen kann – denn sonst machte die neue Vorschrift keinen Sinn! Die Rechnungsprüfungsämter haben hier nur die Chance, den Rat auf die mit dem neuen Recht verbundenen Gefahren, dass nämlich das Etatrecht des Rates ausgehöhlt wird, hinzuweisen. Wenn der Rat keine Vorsorge durch Regelungen in der Haushaltssatzung trifft, kann das Rechnungsprüfungsamt dieses nur hinnehmen.

Großzügige Regelungen finden sich auch in der Thüringer Gemeindehaushaltsverordnung vom 30. 11. 2001. Nach § 16 Abs. 2 GemHVO können Einnahmen und Ausgaben zu Budgets verbunden werden (womit der Rat sich vom Grundsatz der sachlichen Bindung verabschiedet). Nach § 19 Abs. 2 GemHVO können Ausgabeansätze eines Budgets ganz oder teilweise übertragen werden – ohne weitere gesetzliche Vorgaben.

Mit den Öffnungen im Haushaltsrecht wird das Ziel verfolgt, den Räten mehr Eigenverantwortung zu übertragen. Faktisch sind die Räte aber gar nicht in der Lage, die sich aus den neuen Bestimmungen ergebenden Möglichkeiten voll zu durchschauen. Die Handlungs- und Gestaltungsmöglichkeiten liegen ausschließlich beim Kämmerer und beim Bürgermeister. Damit sind die Rechnungsprüfungsämter aufgefordert, die Räte über die Risiken des neuen Rechts umfassend zu informieren. Wenn der Rat sich keine Rechte vorbehalten will, ist das letztendlich seine Entscheidung. Wenn ein Kämmerer die sich ihm dann bietenden Chancen ausnutzt, kann das vom Rechnungsprüfungsamt nicht beanstandet werden.

Im Vermögenshaushalt sind Übertragungsvermerke nicht erforderlich; die Übertragbarkeit ist kraft Gesetz möglich – allerdings nicht in jedem Fall. Voraussetzung für die Übertragung ist, dass mit der beabsichtigten Baumaßnahme angefangen worden ist oder, wie Scheel/Steup es beschreiben, erkennbar sein muss, dass die beabsichtigten Maßnahme in absehbarer Zeit durchgeführt werden soll. Grundsätzlich kann davon ausgegangen werden, dass die Haushaltsmittel für noch nicht begonnene Maßnahmen nicht übertragen werden können. Regelmäßig sollte das Rechnungsprüfungsamt von einer Rechtmäßigkeit des Verwaltungshandelns ausgehen, also davon, dass die Haushaltssatzung bis zum 30. 11. des Vorjahres verabschiedet wird, dass die Planung entsprechend § 7 (1) GemHVO erfolgt ist und die Veranschlagungsreife nach § 10 GemHVO erreicht war. Somit können Anfang Januar die Ausschreibungen für die Baumaßnahmen durchgeführt werden, selbst wenn der Baubeginn für Mitte/Ende des Jahres geplant ist. Es müssen dann außergewöhnliche Umstände eintreten, z. B. der Konkurs eines Bauunternehmers, die dazu führen, dass entgegen der Planung die Maßnahme nicht mehr im alten Jahr begonnen werden kann. Spätestens beim Antrag des Fachamtes auf Übertragung der Mittel als Haushaltsausgabereste muss die Submission für die geplante Maßnahme durchgeführt sein, um zu dem Ergebnis zu kommen, dass die Maßnahme in absehbarer Zeit durchgeführt werden soll. Wenn die Aktivitäten des Fachamtes noch nicht so weit vorangetrieben sind, ist eine Übertragung dieser Mittel vom Rechnungsprüfungsamt bei der Prüfung der Jahresrechnung zu beanstanden. Erforderlich ist, die Mittel neu zu veranschlagen.

In der Praxis sieht es bei den Gemeinden mit Haushaltssicherungskonzept (HSK) ganz anders aus. Die im vorstehenden Absatz beschriebene Regelmäßigkeit entwickelt sich zu Ausnahme. Mittlerweile gibt es Städte, die das gesamte Jahr über mit Hilfe der Bestimmungen über die vorläufige Haushaltswirtschaft arbeiten müssen, weil die Kommunalaufsicht das HSK nicht genehmigt. Für die Prüfung dürfte dann eindeutig sein, dass neue Maßnahmen nicht angefangen werden dürfen.

Im Rahmen seiner Prüfungen hat das Rechnungsprüfungsamt somit zu untersuchen,

a) ob die Anbringung von Übertragbarkeitsvermerken im Verwaltungshaushalt den Voraussetzungen des § 18 oder 19 (2) GemHVO entsprochen hat,

b) ob nur Übertragungen vorgenommen wurden, die eine wirtschaftliche Aufgabenerledigung förderten (sofern die GemHVO das noch fordert) und

c) ob die Voraussetzungen für eine Übertragung im Vermögenshaushalt vorlagen.

HAR werden rechnungstechnisch mit dem Bestand der Kasse (kassenmäßiger Abschluss), den KER und den HER (im Vermögenshaushalt) finanziert. Wenn die Abwicklung planmäßig verläuft, also alle Reste wie in der Jahresrechnung gebucht abgewickelt werden, ist die Prüfungsaufgabe damit erledigt. Allerdings ist die Resteabwicklung nicht immer planmäßig. Insbesondere dann wenn ein Abgang auf KER gebucht werden muss, ist das alte Jahr – im Nachgang betrachtet – nicht finanziert. Da am Bestand der Kasse nichts geändert werden kann und die für den VmHH gebildeten HER nachträglich nicht erhöht werden können, ist die einzige Kompensation ein Abgang auf HAR. Haushaltsrechtlich ist das zwar nicht zwingend; die Missachtung dieser Finanzierungsregel führt dazu, dass mit den Einnahmen des neuen Jahres das alte endfinanziert werden muss. Gerade dann, wenn Gemeinden sich im Haushaltssicherungskonzept befinden, dynamisiert das die Spirale nach unten.

Im NKF-Recht NRW sind die Regeln zur Übertragung noch weiter gefasst: „Er-   *70 a*
mächtigungen für Aufwendungen und Auszahlungen sind übertragbar und bleiben bis zum Ende des folgenden Haushaltsjahres verfügbar. Werden sie übertragen, erhöhen sie die entsprechenden Positionen im Haushaltsplan des folgenden Jahres." Voraussetzungen für Übertragungen sind nicht mehr normiert. Neu ist, dass Übertragungen zur Erhöhung des Ansatzes des neuen Jahres führt, neu ist auch, dass nach § 22 Abs. 4 GemHVO dem Rat eine Übersicht der Übertragungen mit Angabe der Auswirkungen auf den Ergebnisplan und den Finanzplan des Folgejahres vorzulegen ist. Auch das ist eine Folge der Output-orientierten Haushaltsplanung: Wenn ganz bestimmte Aufgaben nicht erfüllt sind, soll die Verwaltung die Möglichkeit haben, diese auch im kommenden Jahr zu erledigen. Wenn sie aber mit weniger Mitteln erfüllt worden sind, besteht sachlich kein Grund mehr, HAR zu bilden (und damit eine Finanzierungsreserve zu schaffen). Bemerkenswert ist, dass der Rat über die Absicht, HAR zu bilden, zu informieren ist. Er hat dann auch die Möglichkeit, finanzpolitische Entscheidungen zu treffen.

Das RPA hat seine Prüfung daran zu orientieren, ob seitens der Verwaltung die erforderliche Transparenz zum Rat hin geschaffen worden ist. Ob der Rat dann von seinen Entscheidungskompetenzen Gebrauch macht, obliegt nicht mehr der Prüfung. Damit ist aber keine andere Qualität der Prüfung verbunden; lediglich die Zielrichtung ist eine andere.

4.4.10 Haushaltseinnahmereste

Haushaltseinnahmereste (HER) dürfen nach nordrhein-westfälischen Gemeinde-   *71*
dehaushaltsrecht und dem Recht anderer Bundesländer im Vermögenshaushalt nur für zweckgebundene Zuweisungen und Zuschüsse gebildet werden, soweit rechtsverbindliche Verpflichtungserklärungen Dritter vorliegen, und für Kredite gebildet werden. Im Rahmen der kameralen Rechnungslegung ist vom Rechnungsprüfungsamt zu überprüfen, ob HER in angemessener Höhe gebildet worden sind. Bestehen Haushaltsausgabereste (HAR) im Vermögenshaushalt und waren diese nicht vermeidbar, so wirken die HAR im Sollabschluss wie echte Sollausgaben. Es verstieße gegen das Gebot der wirtschaftlichen Haushaltsführung, wenn diese geplanten Sollausgaben mit Beständen (aufgenommenen Krediten) finanziert würden. Das Rechnungsprüfungsamt hat also zu untersuchen, ob das Verhältnis von HAR auf der einen Seite der Summe der Kassen- und der Haushaltseinnahmereste auf der anderen Seite des Vermögenshaushalts entspricht. Ebenfalls ist zu untersuchen, ob ein Abgang auf HAR durch entsprechende Abgänge auf Kasseneinnahmereste kompensiert wird oder ob möglicherweise die Kasseneinnahmereste alle eingehen. Werden nämlich alle Kasseneinnahmereste eingenommen, auf der Ausgabeseite HAR in Abgang gebracht und gleichzeitig alle HER

aufgenommen, führt dies in der Endbetrachtung der abgeschlossenen Periode zu einem finanzwirtschaftlich nicht gewünschten Ergebnis: Die abgeschlossene Periode ist überfinanziert. Rein rechnungstechnisch wird dies in der Rechnung des kommenden Jahres ausgeglichen; jedoch entspricht diese Verfahrensweise unter dem Gedanken der Jährlichkeit nicht dem geltenden Haushaltsrecht. Diese anscheinend rein formale Betrachtungsweise von Finanzierungstechniken hat aber nicht nur formale Bedeutung, sondern erhebliche finanzwirtschaftliche Konsequenzen. Im Zusammenhang mit der Bildung von HER und der möglicherweise zu hohen Bildung von HAR und den dann erfolgenden Abgängen verschafft sich der Kämmerer ein Polster an Bargeld, das er rechnungstechnisch ausgleicht, was allerdings von Jahr zu Jahr immer schwieriger wird. Gleichzeitig steht ihm eine Manövriermasse zur Verfügung, die aufgrund der Kompliziertheit des Geschehens völlig außerhalb der Kontrolle des Rates bewirtschaftet wird.

72 An einem vereinfachten Beispiel eines Jahresabschlusses des Vermögenshaushalts sollen die finanzwirtschaftlichen Konsequenzen verdeutlicht werden.

Das Ergebnis des Vermögenshaushalt weist folgendes Abschlussergebnis aus:

Soll-Ausgaben	100.000 €
Haushaltsausgabereste	80.000 €
Summe Soll-Ausgaben	180.000 €
Soll-Einnahmen	50.000 €
Kasseneinnahmereste	50.000 €
Haushaltseinnahmereste (= Kreditermächtigung)	80.000 €
Summe Soll-Einnahmen	180.000 €

Die Kasseneinnahmereste gehen am 2. 1. des folgenden Jahres ein; die bisher geleisteten Ausgaben in Höhe von 100.000 € sind somit geldmäßig gedeckt. Die HER in Höhe von 80.000 € decken die HAR in gleicher Höhe. Stellt sich nun heraus, dass von den HAR nur 60.000 € benötigt werden, ist es nicht erforderlich, die Kreditermächtigung in Höhe von 80.000 € in Anspruch zu nehmen. Der Kämmerer wird oftmals, wenn er die HAR in Abgang bringt, die bestehende Kreditermächtigung nicht durch einen Abgang in gleicher Höhe reduzieren sondern im Zweifel die Kredite aufnehmen. Somit gewinnt er Geld, dass er als Manövriermasse z. B. für über- oder außerplanmäßige Ausgaben einsetzen kann.

4.4.11 Inanspruchnahme von Kassenkrediten

73 Die Stadtkasse kann zur Aufrechterhaltung der Kassenliquidität im Rahmen der gesetzlichen Vorschriften und unter Beachtung des § 4 der Haushaltssatzung

Kassenkredite in Anspruch nehmen, wenn keine anderen Mittel verfügbar sind. Das Rechnungsprüfungsamt hat zu prüfen,

1. ob vor Inanspruchnahme eines Kassenkredits jeweils die allgemeine Rücklage vorrangig eingesetzt wurde,

2. ob aus wirtschaftlichen Gründen ein Kassenkredit statt eines Kommunalkredits aufgenommen wurde, um höhere Zinsen einzusparen. Dies ist regelmäßig dann angebracht, wenn die Geldmarktzinsen erheblich unter denen des Kapitalmarktes liegen,

3. ob der Höchstbetrag nicht überschritten wurde,

4. ob auch bei der Aufnahme von Kassenkrediten das Wirtschaftlichkeitsgebot der Haushaltsführung beachtet wurde. In vielen Gemeinden werden Kassenkredite dadurch aufgenommen, dass das laufende Konto bei der Hausbank im Wege eines Kontokorrentkredits „überzogen" wird. Das ist nur dann zulässig und nicht zu beanstanden, wenn die Hausbank auf dem Geldmarkt tatsächlich die günstigsten Konditionen anbieten kann. Erforderlich ist also, bei potenten Anbietern eine entsprechende Konditionenabfrage durchzuführen.

Oftmals wird seitens der Kasse argumentiert, die benötigte Geldmenge ließe 74 sich nicht im Voraus über einen längeren Zeitraum hinweg so genau prognostizieren, dass es nicht kurzfristig zu einem Guthaben auf dem laufenden Konto kommen kann, welches dann mit Kassenkrediten finanziert sei. Das Rechnungsprüfungsamt kann jedoch davon ausgehen, dass die Kasse ihren Geldbedarf sehr genau kennt. Die Zahlungstermine für Gehälter, Umlagen stehen fest, Auszahlungsanordnungen ab einer bestimmten Höhe sind der Kasse vorher anzuzeigen, die Steuerzahltermine, der Zahltermin für den Anteil an der Einkommensteuer und die jeweiligen Höhen stehen ebenfalls fest. Somit weiß ein Kassenverwalter, wie hoch sein durchschnittlicher Geldbedarf ist, so dass er unter Abwägung aller Risiken Monatsgelder aufnehmen kann. Ab größeren Summen sind auch Wochen- oder Tagesgelder attraktiv.

Im Rahmen der Prüfung der Jahresrechnung ist zu untersuchen, ob die genannten Kriterien beachtet worden sind.

4.4.12 Verpflichtungsermächtigungen

Verpflichtungsermächtigungen (VE) berechtigen die Verwaltung, im laufenden 75 Haushaltsjahr Aufträge zu Lasten der kommenden Jahre zu erteilen. Für die Veranschlagung von VE gelten die gleichen Haushaltsgrundsätze wie für die Veranschlagung von Ausgaben. Insbesondere müssen sie nach § 10 GemHVO veranschlagungsreif sein: Besteht kein Bauzeitenplan und ist somit noch nicht bekannt, wann Mittel in welcher Höhe abfließen, dürfen VE nicht veranschlagt werden. Tatsächlich ist in der Praxis festzustellen, dass sie sehr großzügig veranschlagt werden, was sich an ihrer sehr geringen Inanspruchnahme zeigt. Auch bei den VE hat sich eine rechtliche Neuerung ergeben: Verpflichtungen dürfen ausnahmsweise auch über- oder außerplanmäßig eingegangen werden, wenn sie erheblich sind, ist die vorherige Zustimmung des Rates erforderlich.

Während das geltende Haushaltsrecht bei Ausgaben für bisher nicht veranschlagte Investitionen oder Investitionsförderungsmaßnahmen – sofern sie nicht geringfügig waren – zwingend den Erlass einer Nachtragssatzung vorschrieb und vorschreibt, ist diese Regelung durch die Neufassung des § 84 GO NRW ausgehöhlt: Wenn neue Investitionsmaßnahmen im Laufe des Haushaltsjahres begonnen werden sollten, hilft das Instrument der außerplanmäßigen VE weiter. Der Auftrag wird im Laufe des Jahres erteilt, die Investition wird begonnen und die ersten Zahlungen erfolgen im folgenden Jahr. Haushaltsrechtlich ist dies in Ordnung.

Vergleicht man die Berichte über die Prüfung der Jahresrechnung mehrerer Gemeinden, stellt man fest, dass die Auseinandersetzung mit den VE auf wenige Aussagen beschränkt wird. Oft wird lediglich dargestellt, wieviel Aufträge auf VE erteilt worden sind. Ebenso oft wird dann festgestellt, dass die Quote weit unter 50 % der Ermächtigung lag. Tatsächlich sind nicht in Anspruch genommene VE ein Hinweis auf eine mangelhafte Planung. Das Rechnungsprüfungsamt sollte über mehrere Jahre Statistik über die Inanspruchnahme der VE führen und sich dann begründen lassen, warum Aufträge nicht wie geplant erteilt worden sind.

76   Für die politische Gestaltung des Rates sind Aussagen über die Höhe der nicht in Anspruch genommenen Verpflichtungsermächtigungen einerseits und über die gebildeten Haushaltsausgabereste andererseits von erheblicher Bedeutung. Hier lässt sich feststellen, ob und inwieweit der politische Wille, der sich durch die Beschlussfassung der Haushaltssatzung ergibt, von der Verwaltung umgesetzt worden ist. Hohe Haushaltsausgabereste sind ein Indiz für eine verfrühte Veranschlagung; § 10 GemHVO dürfte in derartigen Fällen nicht ausreichend beachtet worden seien. Dieser Gesetzesverstoß wird dann besonders deutlich, wenn gleichzeitig von Verpflichtungsermächtigungen nur in geringem Umfang Gebrauch gemacht wird.

Im NKF-Recht haben sich hinsichtlich der VE keine wesentlichen Änderungen ergeben.

4.4.13 Anlagen zur Jahresrechnung

77   Nach § 39 (2) GemHVO sind der Jahresrechnung beizufügen

1. eine Vermögensübersicht,

2. eine Übersicht über die Schulden und Rücklagen,

3. ein Rechnungsquerschnitt und eine Gruppierungsübersicht

4. ein Rechenschaftsbericht.

Die Prüfung der Anlagen 1 -3 erfordert nur wenig Aufwand. Überwiegend handelt es sich darum, die Darstellung des Kämmerers rechnerisch nachzuvollziehen; regelmäßig ergeben sich hier keine Beanstandungen.

Über die rechnerische Prüfung hinaus verdient die Schuldenübersicht besondere Beachtung. Sie ist ein Indiz für die Beantwortung der Frage, ob die Gemeinde auf Dauer leistungsfähig ist. Empfehlenswert ist es, mit Hilfe eines Kalkulationsprogramms die Schuldenentwicklung der vergangenen Jahre darzustellen und für die kommenden Jahre hochzurechnen. Ebenfalls sollten das Verhältnis der Zinsleistungen zu den Ausgaben des Verwaltungshaushalts dargestellt werden, um Aussagen zu der finanziellen Lage der Stadt treffen zu können. Im Zusammenhang mit der Vermögensübersicht kann ausgewertet werden, in welchem Umfang Anlagevermögen, das kostenrechnenden Einrichtungen dient, mit Krediten finanziert worden ist; insoweit erfolgt die Refinanzierung der Zinsen über Gebühren. **78**

Mit der Einführung des neuen Haushaltsrecht Mitte der 70er Jahre des vergangenen Jahrhunderts wurde die Einzelfinanzierung von Ausgaben des Vermögenshaushalt abgeschafft und dem Gesamtdeckungsprinzip des § 16 GemHVO untergeordnet. Somit ist auch keine eindeutige Aussage darüber möglich, in welcher Höhe Kredite für „Gebührenhaushalte" und in welcher Höhe für sonstige Zwecke des Vermögenshaushalts aufgenommen worden sind. Es lässt sich aber anhand der Vermögens- und Schuldenübersicht folgendes darstellen: **79**

1.   Schulden insgesamt
2. ./. Vermögen nach § 38 (2) GemHVO (krE)
3.   1. Zwischensumme

4. ./. Forderungen aus Darlehen
5.   2. Zwischensumme

6. ./. Beteiligungen, Kapitaleinlagen, Einlagen in Sondervermögen
7.   Endsumme

Solange die 1. Zwischensumme negativ ist, dienen nach dieser Darstellung alle aufgenommenen Kredite den kostenrechnenden Einrichtungen und werden über Gebühren refinanziert. Die Zinsausgaben und die bei Haushaltsstelle 910.275 zu vereinnahmenden kalkulatorischen Zinsen müssen sich mindestens entsprechen. Wenn größere Abweichungen bestehen, deutet dies auf Fehler in den Gebührenbedarfsberechnungen hin; diese müssen dann außerhalb der Prüfung der Jahresrechnung weiter verfolgt werden.

Ist die 1. Zwischensumme positiv, können die Kredite den sog. nicht-rentierlichen Maßnahmen zugerechnet werden. Je höher die positive Summe ist, desto problematischer ist die dauernde Finanzierung des Verwaltungshaushalts, weil den zu zahlenden Zinsen keine Einnahmen gegenüberstehen. Im Einzelfall sind weitergehende Untersuchungen des Rechnungsprüfungsamtes erforderlich.

80   Der Rechenschaftsbericht als letzter Teil der Jahresrechnung beizufügenden Anlagen kann nur daraufhin geprüft werden, ob der Kämmerer bestimmte Sachverhalte falsch dargestellt oder übersehen hat. Ansonsten bestehen keine Möglichkeiten, ihn zu prüfen.

4.4.14 Haushaltsfremde Buchungen im Rahmen des Kassenabschlusses, Verwahrgelass, Verwahrbuch und Vorschussbuch

81   Nach § 28 (1) GemKVO ist neben dem Sachbuch für den Verwaltungshaushalt und dem Sachbuch für den Vermögenshaushalt ein Vorschussbuch und ein Verwahrbuch einzurichten; nach § 21 GemKVO ist über die Ein- und Auslieferungen in das Verwahrgelass Buch zu führen. Die in diesen Büchern getätigten Buchungen berühren die Haushaltsrechnung nicht und werden lediglich nachrichtlich und zur Kontrolle der Kassenvorgänge in der Gesamtheit behandelt. Im Rahmen der Prüfung der Jahresrechnung sollte das Rechnungsprüfungsamt nur untersuchen, ob die gesetzlichen Erfordernisse bei Buchungen im Verwahr- und Vorschussbuch und im Verwahrgelass grundsätzlich beachtet worden sind. Die inhaltlichen Prüfungen sollten anlässlich von Kassenprüfungen erfolgen.

5. Dauernde Überwachung der Kasse, Kassenprüfungen

82   Durch § 39 GemKVO wird die Anzahl der Kassenprüfungen, durch § 40 GemKVO der Inhalt dieser Prüfungen geregelt. Demgegenüber sieht § 103 GO NRW zwei verschiedene Arten der Kontrolle der Stadtkasse als Pflichtaufgaben des Rechnungsprüfungsamtes vor, nämlich

1. die laufende Prüfung der Kassenvorgänge und Belege zur Vorbereitung der Prüfung der Jahresrechnung

und

2. die dauernde Überwachung der Kassen der Gemeinde und ihrer Sondervermögen sowie die Vornahme der Kassenprüfungen. Mit Kassen der Gemeinden sind die Gemeindekasse im eigentlichen Sinne und die Zahlstellen gemeint; Handvorschusskassen fallen nach § 4 GemKVO nicht hierunter.

Damit ergibt sich für das Rechnungsprüfungsamt die Verpflichtung

1. zur Vornahme der Kassenprüfungen gem. §§ 39/40 GemKVO,

2. zur laufenden Prüfung der Kassenvorgänge und Belege nach § 103 (1) und (2) GO NRW und

3. zur dauernden Überwachung der Stadtkasse nach § 103 (1) Nr. 3 GO NRW.

90

Die drei genannten Maßnahmen unterscheiden sich grundsätzlich hinsichtlich ihrer Zielsetzung und Aufgabenstellung voneinander, auch wenn sich Überschneidungen hinsichtlich des Prüfungsstoffs ergeben.

Nach § 103 (1) Nr. 2 GO NRW findet die „laufende Prüfung der Kassenvorgänge und Belege zur Vorbereitung der Prüfung der Jahresrechnung" statt. Hierdurch wird klargestellt, dass die Prüfung unter den Aspekten des § 101 (1) Nr. 1 bis 4 GO NRW durchzuführen ist. Die laufende Prüfung der Kassenvorgänge und Belege soll also vermeiden, dass nach Ende des Haushaltsjahres im Rahmen der Rechnungsprüfung gem. §§ 101/104 (1) Nr. 1 GO NRW sämtliche Unterlagen der Jahresrechnung auf einmal geprüft werden müssen. *83*

Damit stellt die laufende Prüfung der Kasse nicht in erster Linie eine Kontrolle der Kasse, sondern ein Instrument zur Beschleunigung und Erleichterung der Prüfung der Jahresrechnung dar. Gleichzeitig wird eine zeitnahe Prüfung erreicht, da die Prüfung nicht erst nach Abschluss der Rechnungsperiode, sondern im Laufe des zu prüfenden Haushaltsjahres erfolgt, die Verwaltung also die Möglichkeit hat, im Laufe des Jahres ohne Zeitverlust zu reagieren und mögliche Beanstandungen nicht nur auszuräumen, sondern auch Fehler zu beheben.

Nach § 103 (1) Nr. 3 GO NRW obliegt dem Rechnungsprüfungsamt die dauernde Überwachung der Kassen sowie die Vornahme der Kassenprüfungen. Aus dem Wort „sowie" ergibt sich, dass die dauernde Überwachung der Kassen und die Kassenprüfungen zwei Bereiche darstellen; bei den Kassenprüfungen handelt es sich also nicht um einen Teil der dauernden Überwachung. Während der Bereich der Kassenprüfungen durch §§ 39/40 GemKVO geregelt ist, enthält die GemKVO hinsichtlich der Art und Weise, des Inhalts und Umfangs der dauernden Überwachung keine Bestimmungen. Nach Scheel/Steup, Gemeindehaushaltsrecht, S. 328 „liegt hier also ein regelungsfreier Raum vor, den das Rechnungsprüfungsamt nach pflichtgemäßem Ermessen selbst auszufüllen hat". Ihm bleibt es demnach überlassen, „ob es diese Überwachung im Umfang des § 40 GemKVO vornimmt oder darunter bleibt. Insbesondere ist es auch möglich, im Rahmen der dauernden Überwachung der Kasse die einzelnen Prüfungen des Prüfungskatalogs nach § 40 (2) GemKVO zu verschiedenen Zeitpunkten vorzunehmen" (Scheel/Steup, a.a.O., S. 335). *84*

Gegenstand und Zielsetzung des Verfahrens der unvermuteten Kassenprüfungen und Kassenbestandsaufnahmen ergeben sich aus §§ 39/40 GemKVO NRW. Danach ist bei der Gemeindekasse und jeder Zahlstelle in jedem Jahr mindestens eine unvermutete Kassenprüfung und eine unvermutete Kassenbestandsaufnahme vorzunehmen. Dabei beinhaltet eine Kassenprüfung stets die Kassenbestandsaufnahme.

Bei einer Kassenbestandsaufnahme nach § 40 (1) GemKVO wird lediglich festgestellt, ob der Kassensollbestand mit dem Kassenistbestand übereinstimmt. Dagegen ist bei einer unvermuteten Kassenprüfung mindestens der Katalog des § 40 (2) GemKVO abzuarbeiten.

6. Sonstige wichtige Prüfungsbereiche

6.1 Unterlagen nach § 10 GemHVO

85   Im Rahmen der Prüfung der Jahresrechnung durch das Rechnungsprüfungsamt und den Rechnungsprüfungsausschuss muss überprüft werden, ob neue Maßnahmen veranschlagungsreif waren. Nach herrschender Meinung ist die Veranschlagungsreife erst dann erreicht, wenn die nach § 10 GemHVO erforderlichen
Unterlagen vom Rat beschlossen worden sind.

1. Übersicht über die Gesamtausgaben

Nach § 10 (1) GemHVO sind bei Investitionen und Investitionsförderungsmaßnahmen, die sich über mehrere Jahre erstrecken, neben dem veranschlagten
Jahresbedarf die Ausgaben für die gesamte Maßnahme anzugeben. Die in den
folgenden Jahren noch erforderlichen Ausgaben sind bei der Finanzplanung zu
berücksichtigen. Bereits an dieser Stelle setzt faktisch die Prüfung ein, weil sich
sowohl die Finanzverantwortlichen als auch der Rat Gedanken darüber machen
müssen, inwieweit durch die Investition die dauernde Leistungsfähigkeit der Gemeinde sichergestellt oder möglicherweise gefährdet wird. Nicht selten ist in der
Presse nachzulesen, dass sich die Baukosten um X Millionen € verteuert haben;
eine Folge der nicht korrekten Übersicht über den gesamten Ausgabebedarf.

2. Darstellung von Alternativen bei Investitionen von erheblicher finanzieller Bedeutung

§ 10 (2) GemHVO verlangt vor dem Beschluss über Investitionen von erheblicher finanzieller Bedeutung, dass unter mehreren in Betracht kommenden Möglichkeiten durch Vergleich der Anschaffungs- oder Herstellungskosten und der
Folgekosten die für die Gemeinde wirtschaftlichste Lösung ermittelt werden soll.
Voraussetzung hierfür ist die Definition der zu erreichenden Ziele. Im Rahmen einer Kosten-Nutzen-Analyse muss anschließend untersucht werden, welche Alternativen unter der Prämisse der Kostenreduzierung die wirtschaftlichste ist, um die
Ziele zu erreichen. Besonders deutlich muss darauf hingewiesen werden, dass derartige Berechnungen Voraussetzungen für die rechtlich einwandfreie Veranschlagung von Investitionsmaßnahmen im Vermögenshaushalt sind. Der Verzicht auf
das Darstellen einer Alternative führt letztendlich zu einer rechtswidrigen Veranschlagung von Haushaltmitteln, die sowohl vom Hauptverwaltungsbeamten
als auch von der Kommunalaufsicht beanstandet werden müsste. Allerdings kann
festgestellt werden, dass die Beanstandungsbereitschaft nicht sehr stark ausge-
prägt ist. Das Rechnungsprüfungsamt, das diesen Rechtsverstoß moniert, hat naturgemäß deshalb einen schweren Stand. Weder Bürgermeister noch Kommunal-

aufsicht werden nachträglich zugestehen wollen, dass sie versäumt haben, auf den Rechtsverstoß hinzuweisen.

3. Nutzen-Kosten-Untersuchungen für Bauten und Instandsetzung an Bauten

Nach § 10 (3) GemHVO dürfen Ausgaben- und Verpflichtungsermächtigungen für Bauten und Instandsetzungen an Bauten erst veranschlagt werden, wenn Pläne, Kostenberechnungen und Erläuterungen vorliegen, aus denen die Art der Ausführung, die Kosten der Maßnahme, des Grunderwerbs und der Einrichtung sowie die voraussichtlichen Jahresraten unter Angabe der Kostenbeteiligung Dritter und ein Bauzeitenplan im Einzelnen ersichtlich sind. Den Unterlagen ist eine Schätzung der nach Fertigstellung der Maßnahme entstehenden jährlichen Haushaltsbelastungen beizufügen.

Diese Regelung ist eindeutig; die Erstellung und Vorlage von Plan- und Kostenunterlagen im Sinne dieser Vorschrift sind vom Rechnungsprüfungsamt im Rahmen der Prüfung der Jahresrechnung zu prüfen. Nach der Kommentierung zum Gemeindehaushaltsrecht NRW von Scheel/Steup ist die Regelung des § 10 (3) GemHVO als spezielle Vorschrift für die Vorbereitung und Veranschlagung von Baumaßnahmen anzusehen. Die Pläne und Kostenberechnungen (die zu diesem Zeitpunkt Kostenschätzungen im Sinne der HOAI sind) bilden danach die Grundlage für die Beratung über die Aufnahme der Maßnahme in den Haushaltsplan. Anhand dieser Unterlagen kann der Rat sich darüber schlüssig werden, für welche Maßnahmen Mittel im Haushaltsplan veranschlagt und welche Beträge hierfür eingesetzt werden sollen.

Das Erarbeiten von Unterlagen gemäß § 10 GemHVO vor der Veranschlagung von Maßnahmen wird bei sehr vielen kreisangehörigen Städten und Gemeinden vernachlässigt und nicht in der durch das Gemeindehaushaltsrecht geforderten Form und in der daraus resultierenden Art und Weise realisiert. Dies kann und darf aber keinesfalls als Entschuldigung dafür genutzt werden, in der eigenen Gemeinde die notwendigen Unterlagen nicht zu erstellen.

Zuletzt ist darauf hinzuweisen, dass nach § 10 (4) GemHVO Ausnahmen von der Forderung des Absatzes 3 bei Vorhaben von geringer finanzieller Bedeutung und bei dringenden Instandsetzungen zulässig sind. Die Notwendigkeit einer solchen Ausnahme ist in den Erläuterungen zum Haushaltsplan zu begründen. Zunächst wäre" jedoch erforderlich, den Begriff der „geringen finanziellen Bedeutung" bzw. den der „erheblichen finanziellen Bedeutung" gemäß § 10 (2) GemHVO zu definieren.

Das Rechnungsprüfungsamt sollte darauf drängen, durch den Gemeinderat einen Beschluss fassen zu lassen, der die Verwaltung zwingt, vor der Veranschla-   *86*

93

gung von Mitteln im Haushaltsplan die Unterlagen nach § 10 GemHVO im Rat beraten zu lassen. Der Beschlussvorschlag könnte wie folgt formuliert werden:

Ausgaben- und Verpflichtungsermächtigungen für

a) Hochbaumaßnahmen
b) Tiefbaumaßnahmen
c) Gartenbaumaßnahmen

gelten als Vorhaben von geringer finanzieller Bedeutung im Sinne des § 10 (4) GemHVO, wenn die Anschaffungs- und Herstellungskosten bei

	den Betrag von €	*und die Folgekosten den Betrag von €*
Hochbaumaßnahmen		
Tiefbaumaßnahmen		
Gartenbaumaßnahmen		

jährlich nicht überschreiten; sie dürfen veranschlagt werden, ohne dass hierfür die gemäß § 10 (3) GemHVO geforderten Unterlagen vollständig vorliegen.

Auf jeden Fall sind die Unterlagen gemäß § 10 (3) GemHVO unabhängig von Höhe und Folgekosten bei folgenden Maßnahmen vorzulegen:

– (Maßnahmen nach örtlichen Gegebenheiten bezeichnen)
– ....
– ....

Überschreiten die Ausgaben- und Verpflichtungsermächtigung bei

	den Betrag von €	*und die Folgekosten den Betrag von €*
Hochbaumaßnahmen		
Tiefbaumaßnahmen		
Gartenbaumaßnahmen		

gelten diese Vorhaben als Investitionen von erheblicher finanzieller Bedeutung im Sinne des § 10 (2) GemHVO; in diesen Fällen sollen den beratenden Gremien neben den Unterlagen nach § 10 (3) GemHVO auch die Unterlagen (Vergleiche) nach § 10 (2) GemHVO vorgelegt werden.

Die Forderung des § 27 (2) GemHVO, wonach vor Beginn der Maßnahmen mit geringer finanzieller Bedeutung mindestens eine Kostenberechnung und ein Bauzeitplan vorliegen müssen, bleibt unberührt.

Maßnahmen nach § 10 (3) bzw. § 10 (2) GemHVO dürfen erst veranschlagt werden, wenn die geforderten Unterlagen vollständig vorliegen und das Vorhaben vom Fachausschuss, dem Finanzausschuss und dem Rat beraten und beschlossen worden ist."

Nach der Beschlussfassung ist es erforderlich, die notwendigen Schritte zur Umsetzung einzuleiten. Wegen der grundsätzlichen Bedeutung sollte das Rechnungsprüfungsamt folgenden Verfahrensvorschlag vorlegen: *87*

Nach § 6 Haushaltsgrundsätzegesetz sind für geeignete Maßnahmen von erheblicher finanzieller Bedeutung Nutzen-Kosten-Untersuchungen anzustellen. Weitere Definitionen sieht § 6 Haushaltsgrundsätzegesetz nicht vor.

Eine gleiche Formulierung findet sich in § 7 (2) Landeshaushaltsordnung Nordrhein-Westfalen, aber auch in anderen Landeshaushaltsordnungen.

Die Verwaltungsvorschrift zu § 7 Landeshaushaltsordnung ist über die Querverweise (VV zu § 10 GemHVO, § 6 HGrG, § 7 (2) LHO) bei der Ermittlung der Nutzen und Kosten einer Maßnahme, die dem Erfordernis des Einzelfalls angemessen sind, anzuwenden. Die zu verwendende Methode soll geeignet sein, den Vergleich aller erfassbaren Vor- und Nachteile einer Maßnahme zu ermöglichen und den Entscheidungsprozess transparent zu machen. Das 11-stufige Modell nach der Anlage zu § 7 der LHO NRW kann nicht im Verhältnis 1:1 auf die Belange einer kreisangehörigen Stadt übertragen werden. Gleiches gilt auch für das Modell der Freien und Hansestadt Hamburg. Die Vorgehensweise nach dem dortigen Haushaltsrecht haben Gührs/Lindner/Pagels/Reißmann sehr detailliert und überzeugend in der Broschüre „Leitfaden für Nutzen-Kosten-Untersuchungen" beschrieben.

Um die Vorgaben des § 10 (3) GemHVO auf kommunaler Ebene zu erfüllen, reicht es aus,   *88*

– die beabsichtigten Ziele zu definieren,

– die untersuchten Maßnahmen ausreichend zu beschreiben,

– die durch die untersuchten Maßnahmen bewirkten Nutzen und Kosten bezüglich jedes der zugrunde gelegten Ziele auszuweisen,

– die durch eine Maßnahme bewirkten Vor- und Nachteile zu werten und gegeneinander abzuwägen sowie die Gründe für das abschließende Gesamturteil über die untersuchte Maßnahme anzugeben.

Im Zusammenhang mit den Vorschriften zu § 10 GemHVO, der Verwaltungsvorschrift hierzu sowie der Kommentierung bei Scheel/Steup ergibt sich daraus
folgende Konsequenz:

Erster Schritt zur Veranschlagung einer Maßnahme im Haushaltsplan ist die
Bedarfsmeldung – in der Regel von den Fachdezernenten –, die dem Kämmerer gemeldet wird. Der Anmelder muss, sofern sein Vorhaben über den oben genannten Grenzen liegt, Unterlagen zur Entscheidungsfindung beifügen. Das sind
Angaben über:

– die Notwendigkeit und Zweckmäßigkeit,

– die Möglichkeit, mit dem Vorhaben gleichzeitig die Bedürfnisse eines anderen
  Verwaltungszweigs zu erfüllen,

– den Standort,

– das Raumprogramm,

– die gegebenenfalls späteren Erweiterungsmöglichkeiten

– die grob geschätzten Gesamtbaukosten und einen möglichen Ideen- oder Bau-
  wettbewerb,

– die voraussichtlichen Betriebs-, Unterhaltungs- und Personalkosten,

– die planungsrechtlichen Ausweisungen und die baurechtliche Nutzungsmög-
  lichkeit,

– die Erschließungs-, Ver- und Entsorgungsmöglichkeiten,

– die Eigentumsverhältnisse der betroffenen Grundstücke und

– die mögliche Aufteilung des Bauvorhabens in funktionsfähige Bauabschnitte.

89   Diese Unterlagen stellt der Anmelder der Kämmerei mit der Bitte um Aufnahme in den Finanzplan bzw. in den Haushaltsplan zur Verfügung. Der Kämmerei wird damit die Möglichkeit eröffnet, frühzeitig die geplante Maßnahme hinsichtlich der Zuschussfinanzierung durch Dritte zu untersuchen. Bei dezentraler
Ressourcenverantwortung muss der Anmelder der Maßnahme die Möglichkeiten
der Zuschussfinanzierung ebenfalls untersuchen und das Ergebnis der Kämmerei mitteilen. Die Zusammenstellung der auf diese Art und Weise angemeldeten
Projekte sollte in der Verwaltungsspitze (Hauptverwaltungsbeamter und Beigeordnete) diskutiert und verabschiedet werden; die Beteiligung des Rates erfolgt
anschließend in der Weise, dass ein Grundsatzbeschluss zur Weiterführung der
Planung gefasst wird oder – was auch möglich sein kann – dass das Projekt nicht
weiter verfolgt wird. Sofern die angemeldeten Maßnahmen aus finanziellen Gründen nicht alle im kommenden Jahr verwirklicht werden können, muss eine Prioritätenliste aufgestellt werden, die die Dringlichkeit nach den gesamtstädtischen
Zielen und Kriterien festgelegt. Die Dringlichkeit einer bestimmten Maßnahme

wird mit Hilfsmitteln der Entscheidungstheorie bestimmt. Solange ein Zahlen- und Informationssystem in Gemeindeverwaltungen nicht ausgebaut ist, muss der Entscheidungsträger die Festlegung der Prioritäten unter Unsicherheit treffen. Damit er dennoch zu einer Reihenfolge kommt, muss er die möglichen Einflüsse von dritter Seite und seine möglichen Aktionen in eine Matrix darstellen. Seine wichtigste Aufgabe ist es, den Nutzen seiner möglichen Handlungen und der Prioritätenliste zu bewerten. Dabei ist die politische Dimension zu berücksichtigen, die Nutzen unterschiedlich gewichtet. Für die eine Fraktion mag Arbeitsmarktpolitik einen anderen Nutzen haben als für eine andere. Die nächste Fraktion ist Anhängerin des Monetarismus, während die vierte Keynes als absolute Wahrheit ansieht.

Von der Einleitung der Planung bis zur Beschlussfassung über den der geplanten Bauausführung zugrundeliegendem Vorentwurf obliegt es der Kämmerei, bei den oben genannten, im Vermögenshaushalt zu veranschlagenden Maßnahmen, die technisch-wirtschaftliche Prüfung von Plänen und Kostenberechnungen im Sinne von § 10 GemHVO durchzuführen und insbesondere die Förderungsmöglichkeiten durch Dritte (z. B. durch das Land) zu untersuchen. Die technisch-wirtschaftliche Prüfung könnte auch gemäß § 103 Abs. 2 GO NRW dem Rechnungsprüfungsamt übertragen werden. In der Gemeinden ohne eigenes Rechnungsprüfungsamt kann das allerdings nicht der Rechnungsprüfungsausschuss erledigen, sondern nur die Kämmerei.

Parallel dazu erfolgt die Ausarbeitung der Vorplanung bzw. des Vorentwurfs *90* durch die beteiligten Architekten/Ingenieure und den jeweiligen Fachämtern. Nach Prüfung innerhalb der Kämmerei (oder Rechnungsprüfungsamt) und Aufstellung der Vorplanung durch die Fachämter/den Architekten sind zur Beschlussfassung im Rat folgende Unterlagen vorzulegen:

bei Hochbauten

a) Baupläne im Maßstab 1 : 100 einschl. Lageplan

b) Kostenschätzung gemäß DIN 276

c) Berechnung des umbauten Raumes gemäß DIN 277

d) Berechnung der Nutz- und Verkehrsflächen, Objektbeschreibung

f) Folgekostenberechnung

g) Übersicht über etwaige Abweichungen vom Raumprogramm

bei sonstigen Bauten

a) Pläne

b) Kostenanschlag

c) Erläuterungsbericht

d) Folgekostenberechnung

e) Übersicht über etwaige Abweichungen vom Vorentwurf.

Die Kostenschätzung für Hochbauten muss neben den Baukosten nach DIN 276 und den gesamten grob geschätzten Aufwendungen für die Ersteinrichtung auch die sonstigen Kosten, z. B. Lehrmittel bei Schulbauten oder pädagogisches Material bei Kindergärten, enthalten. Diese sind vom zuständigen Fachamt zu ermitteln.

Nach Fertigstellung aller Unterlagen wird die Vorplanung bzw. der Vorentwurf in den Fachausschüssen und im Rat beraten und ggf. beschlossen. Mit dem Ratsbeschluss ist die Veranschlagungsreife gemäß § 10 GemHVO erreicht.

Nach Beschlussfassung des Rates über die vorliegende Planung werden die Zuweisungen, die sonstigen öffentlichen Mittel und die Zuschüsse Dritter von der Kämmerei oder dem künftigen Nutzer beantragt. Das Fachamt hat die Planung nunmehr umzusetzen und um einen Bauzeitenplan und Mittelabflussplan zu ergänzen; die erforderliche Mittel werden bei der Aufstellung des Haushaltsplanes berücksichtigt.

91 Die Folgekostenberechnung für Investitionen sollte in zwei große Blöcke geteilt sein. In dem ersten Block wird zunächst der gesamte Ausgabebedarf der Investition ermittelt, im zweiten Block werden die Folgekosten dargestellt.

Block 1 muss über folgende Ausgaben Informationen enthalten:

1. Grundstückskosten, einschließlich der Nebenkosten, Herrichten des Grundstücks, Erschließungsbeiträge.

2. Baukosten

   2.1 für das Bauwerk

   2.2 Außenanlagen

   2.3 technische Einrichtungen

   2.4 Baunebenkosten

   2.5 Planungskosten

   2.6 sonstige Kosten

3. Einrichtungskosten

   3.1 Geräte

   3.2 Mobiliar

   3.3 sonstige Kosten der Einrichtung

Block 2 muss über folgende Folgekosten Informationen enthalten:

1. Personalkosten (Hauptgruppe 4)

2. laufende Unterhaltung

3. Bewirtschaftungskosten wie z. B. Steuern, Abgaben, Versicherungen, Energie-kosten

4. Betriebskosten

5. kalkulatorische Kosten

Zusätzlich zur Darstellung der Investitionsausgaben einerseits und der Folge-kosten andererseits sollte ebenfalls erläutert werden, wie die Investitionsausgaben und die Folgekosten finanziert werden. Bei den so genannten Gebührenhaushal-ten sollte auch dargestellt werden, wie sich die geplante Investition auf die Höhe der Gebühr auswirkt.

6.2 Prüfung der Zweckmäßigkeit und Wirtschaftlichkeit des Verwaltungshandelns

Nach § 103 (2) Nr. 3 GO NRW kann der Rat dem Rechnungsprüfungsamt die   *92*
Aufgabe übertragen, die Verwaltung auf Zweckmäßigkeit und Wirtschaftlichkeit
zu überprüfen. Nach § 119 (2) Nr. 2 NGO kann dem Rechnungsprüfungsamt auch
die Prüfung der Ordnungsmäßigkeit übertragen werden. Nach § 112 (2) Nr. 1
GemO BW, § 129 (2) Nr. 1 GO LSA und § 106 (2) Nr. 1 GO Sachsen kann der
Rat dem Rechnungsprüfungsamt die Aufgabe, Organisation und Wirtschaftlich-keit der Verwaltung zu prüfen, übertragen; in Hessen und im Saarland erfolgt die
Übertragung der Zweckmäßigkeit und Wirtschaftlichkeit gemäß § 131 (2) Nr. 4
HGO bzw. § 121 (2) Nr. 2 KSVG.

In Bayern (§ 106 (1) Nr. 4 GO Bayern), Thüringen (§ 84 (1) Nr. 4 ThürKO)
und Rheinland-Pfalz (§ 112 (1) Nr. 4 GemO Rh.-Pfalz) gehört die Prüfung, ob
die Aufgaben mit geringerem Personal- oder Sachaufwand oder auf andere Weise
wirksamer erfüllt werden können (Bayern und Thüringen) bzw. ob die Verwaltung
sparsam und wirtschaftlich geführt worden ist (Rheinland-Pfalz) zu den Pflicht-aufgaben des Rechnungsprüfungsamtes. § 116 (1) Nr. 4 GO SH überträgt dem
Rechnungsprüfungsamt die Pflichtaufgabe, die Rechtmäßigkeit, Zweckmäßigkeit
und Wirtschaftlichkeit der Verwaltung zu prüfen.

Die Prüfung der Wirtschaftlichkeit und Zweckmäßigkeit des Verwaltungshan-   *93*
delns steht in Nordrhein-Westfalen nur dem örtlichen Rechnungsprüfungsamt
zu. Nach § 105 (1) GO NRW unterliegen Fragen, bei dem das Gesetz die Ent-scheidung dem eigenen Ermessen der Gemeinden überlässt, insbesondere Fragen
der Organisation und Zweckmäßigkeit der Verwaltung, nicht der überörtlichen
Prüfung; ihre Rechte sind auf die Prüfung der Gesetzmäßigkeit und Rechtmäßig-keit des Verwaltungshandelns beschränkt. Nachdem noch in der 2. Auflage des
Leitfadens die Prüfung der Zweckmäßigkeit durch die Gemeindeprüfungsämter in
Nordrhein-Westfalen moniert wurde, hat die neu gegründete Gemeindeprüfungs-anstalt das Schwergewicht ihrer Prüfungen auf Wirtschaftlichkeitsaspekte gelegt.

Sofern sich aus den Prüfungen Hinweise auf die zweckmäßige Aufgabenerfüllung ergeben, ist das eine Folge der nicht erreichten Wirtschaftlichkeit des Verwaltungshandelns.

Im Saarland ist die Wirtschaftlichkeits- und Organisationsprüfung gem. § 123 (1) Nr. 3 KSVG Pflichtaufgabe des beim Innenminister angesiedelten Gemeindeprüfungsamtes. In Baden-Württemberg und Sachsen kann die Gemeinde nach § 114 (2) GemO BW bzw. § 109 (2) GO Sachsen bei der überörtlichen Prüfbehörde die Beratung in Fragen der Organisation und Wirtschaftlichkeit der Verwaltung beantragen. In Sachsen-Anhalt stellt die überörtliche Prüfung nach § 126 (4) Nr. 3 fest, ob die Verwaltung wirtschaftlich und zweckmäßig durchgeführt wird und definiert diese Prüfung als Wirtschaftlichkeits- und Organisationsprüfung. Diese Aufgabe obliegt dem örtlichen Rechnungsprüfungsamt nur dann, wenn diese Aufgabe in der Rechnungsprüfungsordnung gem. § 129 (2) Nr. 1 GO LSA übertragen worden ist.

Sowohl der Kommentar von Rehn/Cronauge zur Gemeindeordnung NRW als auch der von Scheel/Steup zur Gemeindehaushaltsrecht NRW bestätigen übereinstimmend, dass die Prüfung der Verwaltung auf Zweckmäßigkeit und Wirtschaftlichkeit besondere Bedeutung hat und dass die Übertragung solcher Prüfungsaufgaben eine personelle Ausstattung des Rechnungsprüfungsamtes mit besonders qualifizierten Prüfern voraussetzt. Was konkret unter Prüfung der Zweckmäßigkeit und Wirtschaftlichkeit zu verstehen ist, wird nicht weiter ausgeführt. Nach Kühn u.a., Kommunales Prüfungsrecht in Baden Württemberg, verfolgt die Prüfung der Organisation und der Wirtschaftlichkeit der Verwaltung das Ziel, festzustellen, ob die Verwaltung in ihrem Aufbau, ihrem Personalbestand und in ihren Tätigkeitsabläufen sachgerecht und wirtschaftlich ist. Diese Prüfung bezieht sich auf die Verwaltung als Ganzes und unterscheidet sich somit von der Prüfung, ob bei den einzelnen Verwaltungsvorgängen der Haushaltswirtschaft sparsam und wirtschaftlich verfahren wurde.

Nach Neitz, Die kommunale Rechnungsprüfung, soll die Wirtschaftlichkeitsprüfung feststellen, ob der Geschäftsgang und die Aktenführung keine Mängel aufweisen und die Verwaltung mit technischen Hilfsmitteln wie Maschinen und Karteien fortschrittlich und zweckmäßig ausgerüstet ist. Ihr Ziel, so Neitz, sei es, nach den ökonomischen Prinzip einen Weg zu finden, wie mit den geringsten Mitteln der größte Nutzeffekt erreicht werden kann.

Das Wirtschaftlichkeitsprinzip wurde von Neitz nicht klar wiedergegeben; tatsächlich haben die Gemeinden einen ganz bestimmten Auftrag mit möglichst wenig Mitteln zu erfüllen. Sie müssen also nach dem Minimalprinzip wirtschaften; ihr Ziel muss es sein, einen Weg zu finden, wie mit den geringsten Mitteln der definierte Nutzeffekt erreicht werden kann. Neitz kommt aber dann, ebenso wie Schröer in „Gemeindeprüfungsrecht" zu dem Ergebnis, dass nicht Einzelfälle untersucht werden sollen, sondern die Prüfung der Verwaltung den gesamten Verwaltungskörper auf Fehler und Mängel untersuchen soll, die nicht offen zu Tage liegen, sondern nur durch methodisches Arbeiten aufgedeckt werden können.

Damit berührt die Prüfung der Zweckmäßigkeit, Ordnungsmäßigkeit und Wirt-   *94*
schaftlichkeit stark das Organisationsrecht des Hauptverwaltungsbeamten, dessen
grundsätzliche Aufgabe es ist, seine Verwaltung wirtschaftlich und zweckmäßig
zu organisieren. Dazu bedient er sich seines Hauptamtes, das mit entsprechenden
Organisationsuntersuchungen das Verwaltungsgeschehen zu analysieren und zu
optimieren hat. Zu diesem Zweck werden von der KGSt regelmäßig umfangreiche
Berichte und Gutachten herausgegeben, die den Hauptämtern dienen, Organisationsuntersuchungen durchzuführen.

Das Prüfungsrecht des Rechnungsprüfungsamtes auf Ordnungsmäßigkeit,
Zweckmäßigkeit und Wirtschaftlichkeit ist parallel dem Organisationsrecht des
Hauptverwaltungsbeamten ein eigenständiges Recht. Damit hat es auch die Möglichkeit, aus eigenem Antrieb heraus Organisationsprüfungen durchzuführen, die
vom Ansatz her dem Organisationsuntersuchungen des Hauptamtes gleichen. Sie
unterscheiden sich jedoch in zwei wesentlichen Punkten:

1. Organisationsuntersuchungen des Hauptamtes sind nur dann möglich, wenn
   nach den einschlägigen Bestimmungen des Landespersonalvertretungsgeset-
   zes der Personalrat der beabsichtigten Maßnahme zugestimmt hat. Dagegen
   ist ein Beteiligungsrecht des Personalrates bei der Durchführung einer Organisationsprüfung des Rechnungsprüfungsamtes nicht gegeben, weil

   1. das Rechnungsprüfungsamt nicht Dienststelle ist und somit nicht unmit-
      telbar mit dem Personalrat in ein Beteiligungsverfahren eintreten kann,

   2. das gesetzliche Prüfungsrecht des Rechnungsprüfungsamtes nicht von der
      Zustimmung einer anderen Institution abhängig gemacht werden kann und

   3. aufgrund der Organqualität des Rechnungsprüfungsamtes der Dienststel-
      lenleiter nicht berechtigt ist, für das Rechnungsprüfungsamt mit dem Per-
      sonalrat zu verhandeln und dem Rechnungsprüfungsamt letztendlich ein
      Verhandlungsergebnis vorzulegen, das dem Prüfungsinteresse des Rech-
      nungsprüfungsamtes zuwiderläuft oder zuwider laufen kann, insbesondere
      dann, wenn Personalrat und Dienststellenleiter sich z. B. darauf verständigt
      haben, dass bestimmte Bereiche nicht untersucht/geprüft werden sollen.

2. Bei Organisationsuntersuchungen des Hauptamtes wirken die Mitarbeiter in den
   untersuchten Organisationseinheiten mit. Dies kann und darf das Rechnungsprüfungsamt im Rahmen einer Organisationsprüfung nicht verlangen; vielmehr
   hat es eigenständig Untersuchungen durchzuführen und die erforderlichen
   Feststellungen zu treffen. Aufzeichnungen über Arbeitseinsätze durch die Mitarbeiter können nicht gefordert werden. Anderseits ist es dem Rechnungsprüfungsamt aber durchaus zuzugestehen, dass es im Rahmen einer Multimoment-
   aufnahme den tatsächlichen Arbeitseinsatz von Mitarbeitern in einer geprüften
   Organisationseinheit feststellt.

Alle angesprochenen Überlegungen betreffen stets nur einen kleinen Teil der   *95*
Verwaltung, sind auf eine konkret zu bezeichnende Organisationseinheit (Betrieb,

ggf. Abteilung, bestenfalls Amt) beschränkt. Die Verwaltung als komplexe Organisationseinheit war bisher in der täglichen Praxis nicht Gegenstand der Prüfung, obwohl an der Spitze der Verwaltung die grundlegenden Entscheidungen getroffen werden, die in vielen Bereichen Auswirkungen auf die Wirtschaftlichkeit und Zweckmäßigkeit des Verwaltungshandelns haben. Gemeint ist hier die Planung und Organisation der Verwaltung an sich und die Frage, ob die aktuellen Organisationsstrukturen, wie sie seit Jahren eingefahren sind, heute noch zeitgemäß sind. Mittlerweile hat sich eine grundlegende Verwaltungsreform durchgesetzt, die unter den Begriffen „neues Steuerungsmodell" und „dezentrale Ressourcenverwaltung" von der KGSt beschrieben wurden. Genau diese Überlegungen sind unter die Begriffe Zweckmäßigkeit und Wirtschaftlichkeit der Verwaltung zu subsumieren; damit unterliegt der gesamte Bereich der grundlegenden Verwaltungsorganisation der Prüfung durch das Rechnungsprüfungsamt.

Nicht jede Verwaltungsorganisation, die nach den mittlerweile klassischen Methoden, wie sie einst von der KGSt entwickelt worden sind, geführt wird, ist grundsätzlich unwirtschaftlich. Sie birgt jedoch Gefahren der Unwirtschaftlichkeit, weil moderne Leistungsverwaltung anders als die klassische Hoheitsverwaltung nicht mehr nur mit den hergebrachten Grundsätzen des Berufsbeamtentums (auch wenn dieser Begriff in diesem Zusammenhang nicht passt) zu bewerkstelligen ist. Schwerpunkt der Prüfung sind also die Fragen nach der Planung und Organisation der Gesamtverwaltung, ob die Aufgabenwahrnehmung wirtschaftlich erfolgt und ob es Möglichkeiten gibt, die Aufgaben mit geringerem Mitteleinsatz durchzuführen. Dabei kommt es zwangsläufig zu den in Kapitel I beschriebenen Sparsamkeitsüberlegungen, nämlich festzustellen,

1. ob eine bestimmte Aufgabe erforderlich ist oder – hart formuliert – sie nur deshalb wahrgenommen wird, weil sie Tradition hat und im Übrigen für die Wahrnehmung der Aufgaben Planstellen geschaffen und besetzt sind, die nach Wegfall der Aufgabe nicht ebenfalls wegfallen können,

2. wie bei den verbleibenden Aufgaben bei gleicher Qualität weniger ausgegeben werden muss,

3. ob der erreichte Qualitätsstandard notwendig ist oder ob ein Weniger ausreicht, um die Ansprüche der Bevölkerung zu erfüllen.

96   Unter dem Begriff Planung ist sowohl die grundsätzliche Planung von Zielen als auch die Planung von Maßnahmen zum Erreichen der einzelnen Ziele zu verstehen, wobei eine Rückkopplung zu der grundsätzlichen Zielplanung erfolgen muss, wenn sich herausstellt, dass das anvisierte Ziel nicht erreichbar ist. Wie in der Industrie muss auch für die Verwaltung gelten, dass, beginnend bei der Planung eine schrittweise Realisation durchgeführt wird und während der Planung und der Realisation eine permanente Beobachtung und Analyse der Abläufe (Controlling) erfolgt; bei Abweichungen muss steuernd eingegriffen werden. Um planen zu können, ist es erforderlich, vorhandene Daten und möglicherweise bestehende

Teilziele zu ordnen, in vernünftige und realisierbare Prognosen umzusetzen, die Maßnahmen zur Realisation der Prognosen vorzubereiten, die notwendigen Entscheidungen zu treffen und die erforderlichen Mittel bereit zu stellen. Im Rahmen der Prüfung der Organisation, Zweckmäßigkeit und Wirtschaftlichkeit der Verwaltung ist vom Rechnungsprüfungsamt somit zu hinterfragen, welche Planungsziele seitens der Verwaltung bestehen. Sind diese nicht definiert, deutet dies auf ein großes Potential von Unwirtschaftlichkeit hin: Wenn nämlich die Mitarbeiter nicht wissen, wofür sie arbeiten, ist ihre Tätigkeit mit an Sicherheit grenzender Wahrscheinlichkeit unwirtschaftlich. Das Rechnungsprüfungsamt hat also darauf zu drängen, dass seitens der Verwaltungsführung, ggf. in Absprache mit dem Rat, klare Zielvorgaben formuliert werden. Insbesondere ist darauf hinzuweisen, dass intuitives Handeln wirtschaftlich und zweckmäßig sein kann, es aber nicht sein muss. Mit anderen Worten: Ohne konkrete Planung ist wirtschaftliches Handeln schlechterdings kaum denkbar. Das gilt auch für die neuen Steuerungsmodelle.

Bereits oben wurde erwähnt, dass die Organisationsgewalt innerhalb einer **97** Kommunalverwaltung und damit das Recht, Organisationsuntersuchungen durchzuführen, beim Hauptverwaltungsbeamten liegt. Daneben gibt es die Möglichkeit einer Organisationsprüfung. Der Begriff „Organisation" tangiert auch den Bereich der Planung: Planung muss organisiert werden; es muss festgelegt werden, wer die strategische Planung, die taktische und operative Planung bestimmt, anstößt und auswählt. Festgelegt werden muss, welche Organisationseinheit welche Aufgaben zu erfüllen hat. In der Betriebswirtschaftslehre werden ebenso wie in der Volkswirtschaftslehre Produktionsfaktoren beschrieben. Die der Betriebswirtschaftslehre sind Arbeit, Kapital und Management, wobei für Management auch die Begriffe Planung und Organisation eingesetzt werden können. Typischerweise wird in einer Kommunalverwaltung dem Faktor Kapital die meiste Aufmerksamkeit zuteil, insbesondere dann, wenn das Geld knapp ist. Der Faktor Arbeit wird oftmals erst dann zur Kenntnis genommen, wenn aufgrund einer Geldverknappung Personaleinsparungskonzepte anstehen und untersucht werden muss, inwieweit durch sozialverträgliche Lösungen Personalabbauten möglich sind. Der Faktor Planung und Organisation dagegen genießt keine bewusste Aufmerksamkeit, weil dieser innerhalb der Kommunalverwaltungen als Produktionsfaktor noch nicht vollständig erkannt ist. Schließlich haben auch noch nicht alle Kommunalverwaltungen realisiert, dass normale betriebswirtschaftliche Vorgaben für sie eine Selbstverständlichkeit sein müssten. Der Weg, den das Rechnungsprüfungsamt dabei beschreitet, ist allerdings sehr eng. Hinweise auf Unwirtschaftlichkeiten im gesamten Verwaltungsaufbau und in bestimmten Abläufe kann ein Hauptverwaltungsbeamter als Kritik an seine Fähigkeiten betrachten, die Verwaltung ordnungsgemäß zu organisieren und nach betriebswirtschaftlichen Grundsätzen zu führen. Dabei kann sich auch die Frage stellen, ob die „Erfindung" der neuen Steuerungsmodelle lediglich eine Ausrede für in der Vergangenheit nicht erfolgte Steuerung ist. Die neuen Steuerungsmodelle sind nämlich nicht so neu, sondern schon seit Jahrzehnten in der Betriebswirtschaftslehre beschrieben. Neu ist lediglich, dass sie erst angesichts der knappen Kassen in den Verwaltungen beachtet werden.

Die neue Steuerung hat sich in vielen Fällen nicht bewährt oder befindet sich noch im Anfangsstadium, manche Verwaltungen kehren stillschweigend zu alten Strukturen und Abläufen zurück, weil Schwachstellen ebenso wie im „alten" Steuerungsmodell vorhanden sind. Es gilt, wenn bestimmte Schwachstellen und Unwirtschaftlichkeiten vorhanden sind, seitens des Rechnungsprüfungsamtes darauf hinzuweisen, dass der Konzern „Stadtverwaltung" tatsächlich nach unternehmerischen Grundsätzen zu führen ist und es nicht ausreicht, wenn Instrumente genutzt werden, die aber das Führungsverhalten unbeeinflusst lassen. Das bedeutet, dass das Rechnungsprüfungsamt zunächst eine grundsätzliche Analyse des betrieblichen Geschehens entweder veranlassen oder selbst durchführen muss. Letzteres erscheint angebracht, da allein grundlegende Umorganisation der Verwaltung oftmals nicht die erforderliche Wirkung zeigt. Das Rechnungsprüfungsamt hat aufgrund seiner Einblicke in die Gesamtverwaltung durch die ständige Präsenz in den Organisationseinheiten während der Pflichtprüfungen besser als der Hauptverwaltungsbeamte die Möglichkeit, Unwirtschaftlichkeiten aufzuzeigen. Aufgabe muss es z. B. sein, die innerhalb der Verwaltung bestehenden Reibungsverluste herauszustellen.

Wenn z. B. städtische Wohnungen von einem Liegenschaftsamt verwaltet werden und die Bauunterhaltung durch ein Hochbauamt erledigt wird, das Heizöl vom Hauptamt beschafft und die Feuerversicherung vom Rechtsamt verwaltet wird, muss sich zwangsläufig die Frage stellen, warum der Mieter einer städtischen Wohnung das Liegenschaftsamt über notwendige Reparaturmaßnahmen informiert, das Liegenschaftsamt dem Hochbauamt einen Auftrag zur Beseitigung erteilt, das Hochbauamt einen Unternehmer beauftragt, der Unternehmer die Arbeiten erledigt, dem Hochbauamt eine Rechnung zuschickt, das Hochbauamt die Rechnung anweist und gleichzeitig dem Liegenschaftsamt mitteilt, dass der Auftrag durchgeführt wurde. Zusammen mit der Schadensmeldung hat der Vermieter dem Liegenschaftsamt auch mitgeteilt, dass sich der Heizölvorrat im Tank dem Ende nähert. Das Liegenschaftsamt informiert das Hauptamt und fordert es auf, die Heizöl zu beschaffen.

Sicherlich sind zahlreiche Vorgänge notwendig, nicht notwendig ist jedoch, dass zwischen Liegenschaftsamt und Hochbauamt Schriftverkehr besteht. Hier könnte ebenso gut das Hochbauamt die gesamte Verwaltung der Mietwohnungen übernehmen und auch das Heizöl beschaffen. Das Auflisten solcher Fälle, die von Ort zu Ort sicherlich in unterschiedlicher Intensität bestehen, ist Grundlage für die Forderung einer modernen Unternehmensplanung.

Wenn als Ergebnis allerdings herauskommt, dass die Ämter nicht mehr „Ämter" sondern „Bereiche" oder „Referate" heißen, die Arbeitsabläufe aber unverändert bleiben, ist das Ziel der Modernisierung der Verwaltung gründlich misslungen. Im Gegenteil: Die Leistungsfähigkeit nimmt ab. Häufig war die Erwartungshaltung an neue Steuerungsmodelle bei den Mitarbeitern sehr hoch. Angesichts des Ergebnisses, dass man erhält, wenn man mit betroffenen Mitarbeitern spricht, ist die Enttäuschung enorm, die Motivation liegt im Keller. „Dienst nach Vorschrift" ist nicht die Androhung eines verdeckten Streiks zur Durchsetzung von Besoldungserhöhungen, sondern mittlerweile tägliche Praxis. Hauptverwaltungsbeamte neigen dazu, diese Situation zu negieren – und lösen damit einen Beitrag zu weiteren Demotivation aus.

Das Rechnungsprüfungsamt sollte vom Hauptverwaltungsbeamten den Anstoß   *98*
zu einem strategischen Plan fordern. Er muss langfristig und umrissartig sein und richtet sich auf die Gesamtverwaltung oder große Organisationseinheiten, z.B. Dezernate oder in größeren Städten auf Ämter. Zu hinterfragen ist seitens des Rechnungsprüfungsamtes, welche Aufgabenstrategie der Hauptverwaltungsbeamte verfolgt, ob die Verwaltung mit ihren Aufgaben wachsen oder ob sie den Status quo behalten soll und vor allen Dingen, mit welchen Führungsinstrumenten die Leistungen der Verwaltung verbessert werden können oder sollen.

Weiterhin ist vom Rechnungsprüfungsamt zu hinterfragen, welche Finanzierungsgrundsätze für kommunale Aufgaben bestehen, ob grundsätzlich nur Annuitätendarlehen aufgenommen werden oder ob ein Teil des Vermögenshaushalts auch über Festbetragsdarlehen finanziert werden soll.

Wenn Ziele definiert sind, ist im weiteren Schritt seitens des Rechnungsprüfungsamtes zu prüfen, wie bestimmte Ziele realisiert werden. So könnte z.B. ein Ziel für eine Kommunalverwaltung lauten: „Verbesserung des kulturellen Angebotes durch dezentrale Kulturveranstaltungen". Diese Zielvorgabe zu erreichen ist keine Frage einer politischen Entscheidung, sondern Frage einer ganz genauen Marktanalyse, ggf. durch Umfragen innerhalb der Bevölkerung. Die gegenwärtige Bedarfsdeckung steht fest und ist allgemein bekannt; es ist nunmehr festzustellen, ob ein Bedarf für ein gewisses Mehr besteht. Auch die Stadtverwaltungen haben sich am Markt zu orientieren; Produkte, die nicht abgenommen werden, weil ein offenkundiger Bedarf nicht besteht, sind nicht anzubieten, weil ein derartiges Angebot dem Grundsatz der sparsamen und wirtschaftlichen Haushaltsführung widerspräche und somit rechtswidrig wäre. Auch hier gilt der alte betriebswirtschaftlichen Grundsatz, dass Leistung nur dann einen Wert hat, wenn sie auch verkauft wird. Von daher hat die Verwaltung vor Entscheidung des Rates zu untersuchen, welche Chancen das Produkt „dezentrale Kulturangebote" haben könnte, wie stark die vorhandene Konkurrenz ist und welcher Preis auf dem Markt verlangt werden kann. Insbesondere die Konkurrenzanalyse ist auch für Kommunalverwaltungen deshalb wichtig, weil Kommunalverwaltungen vom Grundsatz her nicht die Aufgabe haben, mit bestehenden und gut organisierten Angeboten von freien Gruppen und Trägern zu konkurrieren. Besteht z.B. in einzelnen Ortsteilen ein sich selbst tragendes Kulturangebot, muss analysiert werden, was zusätzlich angeboten werden kann und ob die Angebote am Markt vom Bürger abgenommen werden können bzw. wollen. Untersucht werden muss, welche finanziellen Aufwendungen erforderlich sind, welcher Personalbedarf notwendig wird und ob möglicherweise die bestehende private Konkurrenz zerstört wird. Während letzteres in der Privatwirtschaft ein angebrachtes Ziel sein kann, sollte dies für die öffentliche Verwaltung verboten sein. Dabei kann es aber durchaus im Interesse der Bevölkerung liegen, wenn sich die Verwaltung zu Vollkosten marktwirtschaftlich betätigt und in bestimmten Nischen der Bevölkerung angesichts ihres universalen Versorgungsauftrages Angebote vorlegt. Dabei darf die Verwaltung allerdings keine Monopolstellung erlangen.

99   Nach der Durchführung der Analysen ergeben sich Entscheidungen zwangsläufig. Im Rahmen seiner Prüfungsaufgabe hat das Rechnungsprüfungsamt darauf hinzuwirken, dass Entscheidungen erst dann gefällt werden, wenn alle notwendigen Marktdaten vorliegen und nicht deshalb vorher, weil gegebene Wahlkampfversprechungen um jeden Preis eingehalten werden müssen.

Ausgehend von den Eingangsbemerkungen hinsichtlich der grundsätzlich anderen Organisationsstrukturen innerhalb der Kommunalverwaltung ist das erkannte Ziel der Verwaltungsumorganisation zu beschreiben. Die Realisation der Verwaltungsumgestaltung kann nach folgender Checkliste geplant werden; das Rechnungsprüfungsamt sollte darauf achten, dass hiernach (oder nach einer örtliche angepassten Liste) die Umgestaltung durchgeführt wird:

1. Zielbeschreibung

1.1 Nach der Definition der Oberziele müssen die Teilziele inhaltlich genau festgelegt werden, das angestrebte Ausmaß der Umgestaltung der Verwaltung muss festgelegt werden und es muss bestimmt werden, in welchem zeitlichen Rahmen diese Umgestaltung durchgeführt werden soll.

1.2 Die einzelnen Ziele sind zu analysieren und zu ordnen; es wird festgelegt, welche Teilziele übereinstimmen, welche sich gegenseitig ausschließen und welche sich gegenseitig unterstützen.

1.3 Die erkannten Teilziele sind auf ihre Realisierbarkeit hin zu untersuchen.

2. Istanalyse

Die gegenwärtige Situation innerhalb der Kommunalverwaltung ist festzustellen; sie entspricht regelmäßig dem, was durch hergebrachte Grundsätze, bisherige KGSt-Modelle und bestehende Dienstanweisungen geregelt ist. In einem sich anschließenden Soll-/Ist-Vergleich sind die bestehenden Probleme zu identifizieren und zu lokalisieren. Eine derartige Problembeschreibung könnte zu dem Ergebnis führen, dass zu viele leitende Mitarbeiter beschäftigt sind, dass eine Identifikation der Arbeit deshalb nicht besteht, weil der Sachbearbeiter das Ergebnis seiner Arbeiten nicht selbst unterschreiben darf, dass Vorgesetzte keine Führungskräfte, sondern erste Sachbearbeiter ihrer Organisationseinheit sind und aus all dem heraus die Zahl der inneren Kündigungen besonders hoch ist.

3. Suche nach Alternativen

Typisches Ergebnis eines Soll-Ist-Vergleichs ist, dass zwischen der Sollvorstellung und dem tatsächlich aufgefundenen Ist erhebliche Lücken klaffen. Es ist nun Aufgabe des Hauptverwaltungsbeamten (ggf. mit Unterstützung des Rechnungsprüfungsamtes), Alternativen zu suchen und zu finden, die eine Teilrealisierung der angestrebten Ziele ermöglichen. Einzelvorschläge auch der Mitarbeiter sind zu sammeln, zu koordinieren und ggf. zu konkretisieren. Sie sind weiterhin daraufhin zu prüfen, ob sie vollständig und unter der Berücksichtigung der Zielprämissen zulässig sind. Auf jeden Fall muss eine Information an die Mitarbeiter über die Verwertung ihrer Vorschläge erfolgen. Selbst wenn Vorschläge nicht umgesetzt werden können, müssen die Gründe hierfür mitgeteilt werden – ansonsten haben die Mitarbeiter nämlich zum letzten Mal etwas vorgeschlagen. Das Rechnungsprüfungsamt sollte aus Wirtschaftlichkeitsgründen auf diesen Informationsfluss drängen; unmotivierte Mitarbeiter, die bereits die innere Kündigung ausgesprochen haben, beherbergen ein riesiges Unwirtschaftlichkeitspotential. Die Unwirtschaftlichkeiten bezieht sich nicht nur auf das Handeln des einzelnen Mitarbeiters, der die innere Kündigung bereits ausgesprochen hat, sondern auch auf die Möglichkeit, mit seinem Verhalten anderen Mitarbeitern ein „Vorbild" zu sein. Es soll bereits Organisationseinheiten geben, in denen mehr darüber diskutiert wird, warum nichts getan wird, als dass gearbeitet wird.

4. Bewertung und Auswahl

Nach der Formulierung der Ziele und der Durchführung der Problemanalyse und der Alternativensuche sind die vorhandenen vorliegenden Daten zu ordnen, ggf. sind Teilziele aufgrund der gewonnenen Erkenntnisse neu zu definieren, fallen zu lassen oder es sind neue Ziele aufzunehmen. Die erkannten notwendigen Maßnahmen sind auf ihren Nutzen hin zu bewerten; diejenigen Maßnahmen, die den höchsten Nutzen versprechen, sind vorrangig durchzuführen. Der Nutzen stellt nicht immer nur einen finanziellen Vorteil dar; nicht alles, was den größten wirtschaftliche Erfolg bietet, muss die vorrangig durchzuführende und zu verfolgende Maßnahme sein, sondern auch immaterielle Nutzen können und müssen teilweise Priorität haben. Stellt man nämlich im Rahmen seiner Untersuchungen einen hohen Grad an inneren Kündigungen fest, muss es Ziel des Hauptverwaltungsbeamten sein, diese Zahl möglichst weit herabzusenken. Tatsächlich werden aber Ziele primär unter monetären Gesichtspunkten verfolgt. Methoden des Controllings, der Nutzen-/Kostenanalysen sind hier anzuwenden, teilweise kann sicherlich auf bestehende Ergebnisse der Kostenrechnung, insbesondere in Gebührenhaushalten zurückgegriffen werden.

100   Es ist eine der wichtigsten Aufgaben des Hauptverwaltungsbeamten, die Leistungsfähigkeit der Verwaltung zu erhöhen. Das Rechnungsprüfungsamt wird im Zweifel nur in der Lage sein, das Vorhandensein konkreter Planung nach den vorgenannten Grundsätzen zu überprüfen und, wenn sie nicht vorliegt, das Fehlen als Verstoß gegen den Wirtschaftlichkeitsgrundsatz zu beanstanden. Das Rechnungsprüfungsamt sollte in der notwendigen Umgestaltung der Verwaltung mitwirken, indem es die vom Hauptverwaltungsbeamten zu erteilenden Arbeitsaufträge kritisch begleitet und somit verstärkt eine Art Controllingfunktion für die Planung und Organisation wahrnimmt, um das Ziel der Zweckmäßigkeit und Wirtschaftlichkeit des Verwaltungshandelns zu realisieren. Sicherlich ist Controlling nicht mit der Aufgabe des Rechnungsprüfungsamtes, abgeschlossene Verwaltungsvorgänge im Nachhinein zu kontrollieren, zu vereinbaren – jedenfalls dann nicht, wenn der Begriff der Prüfung eng und statisch ausgelegt wird. Da aber bereits in der Gemeindeordnung Ansätze für eine begleitende Prüfung zu finden sind, nämlich bei der Prüfung von Vergaben und bei der Prüfung von Programmen, gibt es keinen rational erkennbaren Grund, bei der Prüfung der kompletten Umgestaltung der Verwaltung eine nachgängige Prüfung durchzuführen. Es wird keinem Rechnungsprüfungsamt möglich sein, im Nachhinein das zu prüfen, was mehrere Organisationseinheiten der Verwaltung über einen längeren Zeitraum entwickelt und getestet haben. Sämtliche Entscheidungskriterien für die Umgestaltung der Verwaltung im Nachträglich zu überprüfen, ist nicht möglich; die Prüfung würde damit zur Makulatur. Da aber die Prüfung dem Wirtschaftlichkeitsgebot unterliegt, könnte die nachgängige Prüfung für diesen Bereich gänzlich eingestellt werden. Dafür ist aber die Aufgabe zu wichtig. Das Rechnungsprüfungsamt sollte sich daher vom Hauptverwaltungsamt den Prüfungsauftrag erteilen lassen, das Projekt „Umgestaltung der Verwaltung" begleitend zu prüfen und in den zu bildenden Projektgruppen durch begleitende Prüfung seine Vorstellungen in die Arbeit einbringen.

6.3 Zuordnung von Ausgaben zum Verwaltungs- und Vermögenshaushalt

101   Gerade in Zeiten knappen Geldes ergeben sich für den Kämmerer erhebliche Finanzierungsprobleme für den Verwaltungshaushalt. Dagegen ist es relativ einfach, den Vermögenshaushalt über Rücklagenentnahmen oder Kreditaufnahmen zu finanzieren. Die Ausgaben des Verwaltungshaushalt dagegen müssen aus der Ertragskraft des laufenden Jahres bezahlt werden. Hat eine Gemeinde bereits ein Haushaltssicherungskonzept aufgestellt oder steht sie kurz davor, ein solches aufstellen zu müssen, ergibt sich eine besondere Dringlichkeit zur Entlastung des Verwaltungshaushalts. In dieser Situation kann eine Neigung bei den Kämmerern festgestellt werden, Ausgaben, die dem Verwaltungshaushalt zuzuordnen sind, im Vermögenshaushalt zu veranschlagen und damit über Kredite zu finanzieren. Es handelt sich hierbei um Ausgaben für größere bauliche Instandhaltungen und Sanierungsmaßnahmen und für bewegliche Sachen des Anlagevermögens. Diese Situation verlangt vom Rechnungsprüfungsamt besonderen Einsatz.

6.3.1 Größere bauliche Instandhaltungen und Sanierungsmaßnahmen

Die Abgrenzung der Ausgaben zwischen Verwaltungshaushalt und Vermögens- *102*
haushalt bei Hochbaumaßnahmen richtet sich entweder nach den Verwaltungsvorschrift zur Gliederung und Gruppierung oder direkt aus den Zuordnungsvorschriften zu Gr. 94, 95, 96. Diese sind durch Runderlass des Innenministeriums
vom 27. 12. 1995 neu gefasst worden; sie gelten ab dem Haushaltsjahr 1997. Entsprechend der Ermächtigung in § 130 Abs. 3 GO NRW wurden u.a. der Gruppierungsplan und die Zuordnungsvorschriften zum Gruppierungsplan für verbindlich
erklärt und entsprechen den auch neu gefassten Begriffsbestimmungen in § 45
GemHVO. Nach § 45 Nr. 4 GemHVO sind Baumaßnahmen als die „Ausführung
von Bauten (Neu-, Erweiterungs- und Umbauten), soweit sie nicht der Unterhaltung bauliche Anlagen dient", definiert. Die bis einschließlich 1995 geltende Definition des § 46 Nr. 4 GemHVO beschrieb Baumaßnahmen als die „Ausführung
von Bauten (Neu-, Erweiterungs- und Umbauten) sowie die Instandsetzung an
Bauten, soweit sie nicht der Unterhaltung baulicher Anlagen dient". Der Hinweis
auf die Instandsetzungen an Bauten veranlasste Kämmereien, bei großen Sanierungsmaßnahmen diese Kosten aus dem Vermögenshaushalt zu bezahlen.

Diese normative Klarstellung greifen die Zuordnungsvorschriften auf. Nach
den Festlegungen zu den Gruppen 94, 95 und 96 liegen Ausgaben für Investitionen vor, wenn durch eine Baumaßnahmen neues Sachvermögen geschaffen oder
vorhandenes vermehrt wird. Wird ein Gebäude „repariert" oder „saniert" sind die
Aufwendungen nur dann als Herstellungskosten des Gebäudes zu behandeln (und
damit aus dem Vermögenshaushalt zu finanzieren) wenn sie so artverschieden
sind, dass die Baumaßnahme nach der Verkehrsanschauung nicht mehr in erster
Linie dazu dient, das Gebäude in seiner bestimmungsgemäßen Nutzung zu erhalten, sondern etwas Neues, bisher nicht Vorhandenes zu schaffen. Wenn eine Gemeinde z. B. ein bisheriges Jugendheim zu einem Theater umbaut oder eine Schule nicht mehr als Schule, sondern als Verwaltungsgebäude nutzen will, sind die
mit der Umbaumaßnahme verbundenen Aufwendungen aus dem Vermögenshaushalt zu bezahlen, da durch diese Baumaßnahmen das Gebäude in seinem Wesen
erheblich verändert wird. Eine weitere Verdeutlichung liefern die Erläuterungen
zu Gruppe 50. Während bis zum 31. 12. 1996 die Unterhaltung der Grundstücke
und baulichen Anlagen als „laufende Unterhaltung, die der Haltung der Sache dienen und die keine erheblichen Veränderungen (keine erhebliche Werterhöhung)
der Sache zur Folge haben" beschrieben wurde, hat die ab 1. 1. 1997 geltende Zuordnungsvorschrift das Wort „laufende" gestrichen; es wird nur von „Ausgaben
für die Unterhaltung (Erhaltungsaufwand) gesprochen, die unabhängig von ihrer
Größenordnung dazu dienen, Gegenstände in einem ordnungsgemäßen Zustand
zu erhalten".

Bei Grenzfällen ist grundsätzlich nach den Regeln der Einkommensteuer Richtlinien Abschnitt 157 zu verfahren. Mit Erlass vom 18. Juli 2003, veröffentlicht im
Bundessteuerblatt, zu finden unter

http://www.bundesfinanzministerium.de/cln_02/nn_3790/DE/Aktuelles/BMF__
Schreiben/Veroffentlichungen__zu__Steuerarten/einkommensteuer/075.html

hat der Bundesfinanzminister als Konsequenz aus den Urteilen des BFH vom 22. Januar 2003 die Regeln aus der Sicht der Steuerpflichtigen günstiger gestaltet und die Baumaßnahmen eher als Instandsetzung statt als Herstellungsaufwand charakterisiert. Das führt in der Kameralistik dazu, dass die Zuordnung von „größeren baulichen Unterhaltungsmaßnahmen" fast ausnahmslos zum Verwaltungshaushalt erfolgen muss.

103   Grundsätzlich ist nach diesem Erlass für die Zuordnung zum Vermögenshaushalt Voraussetzung, dass

1. ein Gebäude erworben wird, das nicht bewohnt, weil nicht betriebsbereit ist. Grundsätzlich ist ein Gebäude betriebsbereit, wenn es nach seiner Zweckbestimmung genutzt wird,

2. das Gebäude objektiv funktionsuntüchtig war, also wesentliche Teile objektiv nicht nutzbar sind,

3. aus den Bereichen

Heizungsinstallation

Sanitärinstallation

Elektroinstallation

Fenster

mindestens 3 verbessert werden müssen, um den Standard eines (Wohn-) gebäudes zu verbessern.

Ansonsten wird auch dann von Herstellungskosten gesprochen, wenn das Gebäude erweitert wird (Anbau, Aufstockung).

Daraus folgt, da es sich bei der Maßnahme gegenüber dem bisherigen Status quo um ein Mehr handeln muss. Keinesfalls können aber unterlassene Unterhaltungsmaßnahmen in der Vergangenheit dazu führen, dass sich aus der Nachholung von Unterhaltungsmaßnahmen eine Zuordnung zum Vermögenshaushalt ergibt. Eine deutliche Verbesserung ist nach den Zuordnungsvorschriften nicht schon deswegen anzunehmen, wenn mit notwendigen Erhaltungsmaßnahmen eine dem technischen Fortschritt entsprechende übliche Modernisierung verbunden ist.

Somit ist die Zuordnung auch für größere Maßnahmen wie

– Sanierung eines Flachdaches

– Austausch aller Fenster einer Schule

– Austausch eines Ofens einer Müllverbrennungsanlage

– Austausch der Heizung eines Kindergartens

zum Verwaltungshaushalt obligatorisch, das Rechnungsprüfungsamt ist aufgerufen, frühzeitig (vor der Verabschiedung der Haushaltssatzung) auf die notwendige Zuordnung hinzuweisen. Im Übrigen handelt es sich bei Austausch der Fenster an einer Schule um eine Maßnahme an einem Gebäude, das seinen bisherigen Zweck erfüllte und objektiv funktionierte.

Nach NKF-Recht stellt sich die Rechtslage eindeutig dar: Vermögensgegenstände sind zum Anschaffungs- oder Herstellungswert zu bilanzieren (§ 35 GemHVO NRW als Folge des § 255 HGB). Wird durch die Instandsetzung eines Vermögensgegenstandes die Nutzungsdauer verlängert, ist die Restnutzungsdauer neu zu bestimmen. Eine Zuschreibung des Instandsetzungsaufwandes findet nicht statt. Das folgt aus § 35 Abs. 8 GemHVO NRW, der § 280 Abs. 1 HGB nachgebildet wurde. Danach dürfen in den Fällen, bei denen in vergangenen Perioden Wertberichtigungen nach unten durchgeführt wurden, diese Wertabschreibungen rückgängig gemacht werden, wenn der Grund hierfür nicht mehr besteht. *103 a*

Hierzu ein Beispiel: Wenn eine Straße infolge eines Lecks in der Gasleitung über eine längere Strecke aufgebrochen werden muss und die Straße deshalb nur noch in einer Richtung befahrbar ist, ist dann eine Wertberichtigung erforderlich, wenn der Rat beschließt, die Straße nicht wieder in voller Funktion herzustellen. Wird dieser Beschluss in späteren Jahren revidiert und die Straße im ursprünglichen Zustand wiederhergestellt, ist die erfolgte Wertberichtigung unter Berücksichtigung der in der Zwischenzeit rechnerisch erfolgten Abschreibungen zurückzunehmen. Dabei ist darauf zu achten, dass nach der Wertberichtigung der Wert nicht höher ist als der ursprüngliche Herstellungswert.

6.3.2 Bewegliche Sachen des Anlagevermögens

Noch immer wird mehr als 30 Jahre nach der Reform des Kommunalen Haushaltsrechts der Begriff der „Sachgesamtheit" benutzt. Mit diesem Zauberwort wird auch heute noch die Zuordnung geringwertiger Wirtschaftsgüter zum Vermögenshaushalt begründet. Hierbei kann es sich um Einzelmaßnahmen wie z. B. die Beschaffung einer Besprechungsecke für das Büro des Hauptverwaltungsbeamten oder auch um komplexe Maßnahmen wie die Ersteinrichtung eines Kindergartens oder eines neuen Verwaltungsgebäudes handeln. Tatsächlich war es nach dem bis 1973 gültigem Haushaltsrecht möglich, derartige Gegenstände aus dem außerordentlichen Haushalt zu bezahlen. Und dies hat sich so stark festgesetzt, dass die Auffassung heute noch nicht überwunden ist. *104*

Ausgangsnormen für die Entscheidung, ob bewegliche Sachen des Anlagevermögens dem Vermögenshaushalt oder dem Verwaltungshaushalt bezahlt werden, sind §§ 1 (1) Nr. 7 und 45 Nr. 2 GemHVO. Danach sind auch bewegliche Sachen mit Ausnahme geringwertiger Wirtschaftsgüter im Sinne des Einkommensteuergesetzes (EStG) Anlagevermögen und damit aus dem Vermögenshaushalt zu bezahlen. Gemäß § 6 (2) EStG werden die Anschaffungs- oder Herstellungskosten, die den Betrag von 410 € für bewegliche Wirtschaftsgüter nicht überschreiten, sofort in der jeweiligen Periode abgesetzt. Übertragen auf das Gemeindehaushaltsrecht ist eine bewegliche Sache dann dem Anlagevermögen zuzurechnen und damit aus dem Vermögenshaushalt zu bezahlen, wenn die Ausgaben mindestens 410,01 € betragen. Nach der Erläuterung in den Zuordnungsvorschriften zu Gruppe 935 errechnet sich der Betrag von 410,00 € aus dem Netto-Betrag, also ohne Umsatzsteuer, ohne Nachlässe und ohne Nebenausgaben. Bei 16 % Umsatzsteuer beträgt der Brutto-Betrag 475,61 €.

Die Zuordnungsvorschrift übernimmt die einkommensteuerrechtliche Bestimmung und ergänzt, dass Güter dennoch aus dem Vermögenshaushalt zu finanzieren sind, wenn „es sich um die Beschaffung von technisch oder wirtschaftlich verbundenen Wirtschaftsgütern handelt", die von ihrer Bestimmung her nur in dieser Verbindung genutzt werden, und der gesamte Betrag über der Grenze von 410 € (netto) liegt.

105   Die Frage, wann die Voraussetzungen der technischen und wirtschaftlichen Einheit von Wirtschaftgütern gegeben ist, und vor allen Dingen, was die Formulierung „die von ihrer Bestimmung her nur in dieser Verbindung genutzt werden" rechtlich bedeutet, ist für die Zuordnung zum Verwaltungs- oder Vermögenshaushalt entscheidend. Geklärt wurde die Frage einerseits in dem Aufsatz von Vreden in „der gemeindehaushalt" 1973, S. 219 ff. sowie anderseits in Abschnitt 40 der Einkommensteuerrichtlinien zu § 6 EStG. Nach dem BFH-Urteil vom 27. 7. 1966, BStBl. 1967 III S. 61, verlieren Einrichtungsgegenstände im Allgemeinen nicht deshalb ihre selbständige Nutzungsfähigkeit, weil sie im einheitlichen Stil gehalten sind. Dies gilt auch für Wirtschaftsgüter, die zur Erstausstattung eines Betriebes dienen.

Übertragen auf die beiden genannten Beispiele bedeutet dies, dass jeder Stuhl der Besprechungsecke des Hauptverwaltungsbeamten, sofern sein Anschaffungspreis unter netto 410,01 € liegt, seine eigene Nutzungsfähigkeit besitzt, damit auch für sich allein bewertet werden kann und somit aus dem Verwaltungshaushalt bezahlt werden muss. Der BFH hat mit Urteil vom 21. 7. 1998, DB 1998, S. 2246 bestätigt, dass einzelne Teile einer Schreibtischkombination, die weniger als 928 DM kosten, als geringwertige Wirtschaftsgüter anzusehen sind und somit im Jahr der Anschaffung voll steuerlich abgesetzt werden können.

Eine Ausnahme gibt es für die Ersteinrichtung eines neuen Gebäudes, sei es ein Kindergarten, sei es ein Verwaltungsgebäude. Die einzelnen Gegenstände müssen nicht mehr nach ihrem Preis unterschieden werden und können alle dem Vermögenshaushalt zugeordnet werden.

Im NKF-Recht NRW gilt das Handelsrecht als Referenzmodell. Danach sind Vermögensgegenstände des Anlagevermögens, deren Anschaffungs- oder Herstellungskosten wertmäßig den Betrag von 410 Euro ohne Umsatzsteuer nicht überschreiten, die selbstständig genutzt werden und einer Abnutzung unterliegen, als geringwertige Vermögensgegenstände zu erfassen und können im laufenden Haushaltsjahr vollständig abgeschrieben werden. Bei einem Wert unter 60 Euro ohne Umsatzsteuer können die Vermögensgegenstände unmittelbar als Aufwand gebucht werden.

6.4 Kreditfinanzierung der Vermögenshaushalts

Die Investitionstätigkeit einer Gemeinde und die Kreditaufnahme stehen in sehr *106* enger Beziehung zueinander. Investitionen berühren den Kernbereich der kommunalen Daseinsvorsorge und sind Ausfluss des generellen Auftrags der Gemeindeordnung, die für die Bürgerschaft notwendigen Einrichtungen zu schaffen. Da neue kommunale Einrichtungen nicht nur für die im Augenblick lebende Bürgerschaft gebaut werden, ist eine adäquate Belastung auch der folgenden Generationen sinnvoll und geboten. Diese Verteilung der Belastung erfolgt dadurch, dass Investitionen nicht aus den Erträgen des laufenden Jahres, sondern über einen längeren Zeitraum finanziert werden. Dazu ist die Aufnahme von Krediten erforderlich, für die normative Regeln zu beachten sind. Hinsichtlich der Einzelheiten sei auf das in der Reihe „Finanzwesen der Gemeinden" erschienene Buch zum kommunalen Kreditwesen verwiesen.

6.4.1 Grundsätzliche Darstellung zur Kreditfinanzierung

§ 76 GO NRW stellt eine Rangfolge der Finanzierung auf. An erster Stelle ste- *107* hen die „sonstigen Einnahmen", an zweiter die „speziellen Entgelte", an dritter die „Steuern" und an vierter die Kredite, sofern eine Kreditaufnahme nicht wirtschaftlich ist. Kredite dürfen gem. § 85 GO NRW nur im Vermögenshaushalt für Investitionen und Investitionsförderungsmaßnahmen aufgenommen werden. Beide Normen sind gemeinsam zu sehen und zu berücksichtigen. Das gilt für die Aufstellungs-, Ausführungs- und Rechnungslegungsphase des Haushalts.

Im Einzelnen bedeutet dies:

1. Kredite dürfen nicht deshalb aufgenommen werden, weil die Gemeindekasse Geldbedarf hat. Es ist ausschließlich auf den Kapitalbedarf des Vermögenshaushalts abzustellen.

2. Kapitalbedarf ist nicht Geldbedarf. Kapital wird zur langfristigen Finanzierung von Wirtschaftsgütern am Kapitalmarkt aufgenommen, Geld zur kurzfristigen Überbrückung von Liquiditätsengpässen. Für den letzteren Bedarf wird in § 4 der Haushaltssatzung ein entsprechender Höchstbetrag an Kassenkrediten festgelegt.

3. Der Kapitalbedarf muss bei der Kreditaufnahme aktuell bestehen, der Bedarf muss gegenwärtig sein. Solange die Bedarfe des Vermögenshaushalts anderweitig gedeckt sind, dürfen Kredite wegen der oben beschriebenen Rangfolge der Finanzierung nicht aufgenommen werden. Zu den anderweitigen Einnahmen des Vermögenshaushalts gehören insbesondere die Zuführungen vom Verwaltungshaushalt an den Vermögenshaushalt. Diese Einnahmen haben Vorrang vor einer Kreditfinanzierung. In der Praxis werden die geplanten Zuführungen nicht während des Haushaltsjahres, sondern erst bei Rechnungslegung gebucht. Begründet wird dies regelmäßig mit der Tatsache, dass bei einer konsequenten Buchung der Geldbedarf des Verwaltungshaushalts ansteige.

Die Antwort des Rechnungsprüfungsamtes kann und muss hier lauten, dass unter Berücksichtigung der Normen vor einer Kreditfinanzierung alle sonstigen Einnahmemöglichkeiten des Vermögenshaushalts auszuschöpfen sind. „Sonstige Einnahmen" sind die Zuführungen vom Verwaltungs- an den Vermögenshaushalt; wenn der Kämmerer sie nicht im Laufe des Jahres anordnen will, muss bei der Prüfung der Notwendigkeit der Kreditaufnahme die Zuführung einkalkuliert werden. Als Anhang 1 ist ein Schema zur Ermittlung der Zulässigkeit der Kreditaufnahme beigefügt.

4. Kredite dürfen nicht aufgenommen werden, „weil die Konditionen günstig sind und weil mit einer Verteuerung der Zinsen gerechnet werden muss". Dem ist entgegenzuhalten, dass

4.1 die günstigsten Kredite die sind, die nicht aufgenommen worden sind, weil sie nicht aufgenommen werden mussten,

4.2 Spekulationsgeschäfte verboten sind,

4.3 letztendlich zuviel aufgenommene Kredite – rechtswidrig – der Rücklage zugeführt werden müssen.

Als Anhang 1 ist ein Berechnungsschema beigefügt, das es ermöglicht, auf einfache Weise am Jahresende zu überprüfen, ob die Kreditfinanzierung im Rahmen der gesetzlichen Bestimmungen erfolgt ist. Weist Zeile 24 der genannten Anlage einen negativen Betrag aus, sind Beträge entgegen § 85 GO NRW aufgenommen und der Rücklage zugeführt worden.

108   Das Rechnungsprüfungsamt sollte darauf hinweisen, dass der Ausgleich der Jahresrechnung nicht nur mit aufgenommenen Krediten, sondern auch mit der Bildung von Haushaltseinnahmeresten (HER) möglich ist. Wird im Rahmen der Prüfung festgestellt, dass bereits über mehrere Jahre einerseits Kredite aufgenommen werden, anderseits im Jahresabschluss „Überschüsse" des Vermögenshaushalts der Rücklage zugeführt werden, ist dies ein untrügliches Zeichen dafür, dass die Kreditaufnahme im Laufe des Jahres nicht den gesetzlichen Vorgaben entsprochen hat. Solange im nächsten Jahr die aufgenommenen Kredite durch Entnahme aus der allgemeinen Rücklage zur Finanzierung der gebildeten Haushaltsausgabe-

reste (HAR) herangezogen werden, mag die vorherige Zuführung infolge der verfrühten Kreditaufnahme gerade noch hinnehmbar sein; wenn aber im folgenden Jahr die HAR in Abgang gebracht werden, weil entsprechende Ausgaben nicht erfolgen (müssen), hat dies folgende Konsequenz: Im Vermögenshaushalt wurden Kredite aufgenommen, mit denen eine Zuführung zu der allgemeinen Rücklage finanziert wurde, d. h., dass über die gesamte Laufzeit des Kredits Zinsen gezahlt werden müssen, obwohl dieser Belastung kein Wirtschaftsgut gegenübersteht. Es wurde also „Luft" finanziert.

Dieser Argumentation mag vieles entgegengehalten werden können. Der Kämmerer wird argumentieren, dass er in den folgenden Jahren einen entsprechend geringeren Betrag aufnehmen muss, um die Ausgaben des Vermögenshaushalts zu finanzieren. Die Erfahrungen aus der Praxis zeigen aber, dass ein Kämmerer regelmäßig nicht dazu neigt, auf die einmal angesammelte Rücklage kurzfristig zu verzichten. Nach wie vor wird von der „Mischfinanzierung" des Vermögenshaushalts gesprochen. Diese sieht vor, dass die Allgemeine Rücklage nicht bis auf den Mindestbestand von 2 % des Durchschnitts der Ausgaben des Verwaltungshaushalt der letzten drei Jahre reduziert wird, sondern dass der Vermögenshaushalt (neben sonstigen Einnahmen) z.T. mit Krediten, z.T. mit Rücklagenentnahmen finanziert wird. Diese Art der Finanzierung ist, wie oben dargestellt, wegen der Subsidiarität der Kredite nicht zulässig, auch nicht mit der Begründung, dass bei einer vollständigen Rücklagenentnahme in den kommenden Jahren ein erheblicher Kreditschub erforderlich sei.

Da eine Mischfinanzierung wegen Verstoß gegen das Wirtschaftlichkeitsgebot unzulässig ist, hat das Rechnungsprüfungsamt diese – wenn sie festgestellt wird – zu beanstanden.

Weitere Argumente gegen eine vorrangige Finanzierung des Vermögenshaushalts über Rücklagenentnahmen können vom Rechnungsprüfungsamt unter Hinweis auf das Subsidiaritätsprinzip und dem Wirtschaftlichkeitsgrundsatz zurückgewiesen werden. Darüber hinaus sollte das Rechnungsprüfungsamt fordern, bei der Kreditaufnahme äußerst restriktiv vorzugehen und den Ausgleich der Jahresrechnung über die Bildung von Haushaltseinnahmeresten zu schaffen. *109*

Auf die Tatsache, dass Kredite nur für Zwecke des Vermögenshaushalts aufgenommen werden dürfen, wurde bereits hingewiesen. Tatsächlich kann in der Praxis festgestellt werden, dass Kämmerer dazu neigen, die Gesamtsituation der Stadtkasse als Entscheidungskriterium für eine Kreditaufnahme heranzuziehen. In den Begründungen für die Kreditaufnahme kann teilweise gelesen werden, dass der Bedarf deshalb besteht, weil die Kreisumlage gezahlt oder Gehälter überwiesen werden müssen. Eine derartige Begründung entspricht nicht dem geltenden Recht. Das Rechnungsprüfungsamt sollte mit Hilfe des Musters im Anhang 3 die Situation der Stadtkasse analysieren und – sofern eine Kreditfinanzierung nicht zulässig ist, der beabsichtigten Kreditaufnahme widersprechen. Ist nach der Analyse ein gegenwärtiger Kreditbedarf des Vermögenshaushalts gegeben, ist die Kreditaufnahme trotz der möglicherweise falschen Begründung zulässig.

Unter Rand-Nr. 34 wurde bereits erwähnt, dass die Kreditermächtigung nach § 2 der Haushaltssatzung durch Bildung von Haushaltseinnahmereste in das nächste Jahr übertragen werden darf. Nach § 85 Abs. 2 GO NRW gilt die Kreditermächtigung bis zum Ende des auf das Haushaltsjahr folgenden Jahres und, wenn die Haushaltssatzung für das übernächste Jahr nicht rechtzeitig öffentlich bekannt gemacht wird, bis zum Erlass dieser Haushaltssatzung. Aus der Regelung, dass bei nicht rechtzeitiger öffentlicher Bekanntmachung die Kreditermächtigung über das Folgejahr hinausgeht, wird oftmals geschlossen, dass in einem derartigen Fall der Haushaltseinnahmerest über das Folgejahr hinaus übertragen werden könne. Hier handelt es sich aber nicht um eine haushaltsrechtliche Erlaubnis, die in der Jahresrechnung entsprechend nachgewiesen wird, sondern lediglich um die Ermächtigung, zur Aufrechterhaltung der Liquidität im Vermögenshaushalt Kredite aufzunehmen. Haushaltsrechtlich müssen diese Kredite aus der Ermächtigung des aktuellen Jahres gedeckt werden. Dieses Ergebnis entspricht der Logik des Gesetzes: Wenn eine Gemeinde ihre Haushaltssatzung so rechtzeitig verabschiedet, dass sie bei Beginn des Haushaltsjahres in Kraft tritt, geht die Ermächtigung des Vor-Vorjahres unter. Es kann nicht sein, dass bei einem rechtswidrigen Verhalten (zu späte öffentliche Bekanntmachung der Haushaltssatzung als Folge der verspäteten Beschlussfassung) die Gemeinde mehr Rechte in Anspruch nehmen kann, als wenn sie sich rechtmäßig verhielte.

Auf den ersten Blick mag es aussehen, dass diese Überlegungen zunächst rein formalen Charakter haben. Tatsächlich stehen dahinter wirtschaftliche Überlegungen, die sich aus der Tatsache ergeben, dass Haushaltsausgabereste über mehrere Jahre hinweg gebildet werden dürfen, Haushaltseinnahmereste aber nur für das Folgejahr. Anscheinend fallen die Durchführung einer kommunalen Investition und ihre Finanzierung auseinander. Logische Folge wäre nunmehr, die Kredite aus der Ermächtigung des laufenden Jahres so rechtzeitig aufzunehmen, dass aus dem vorhandenen Geld die Haushaltsausgabereste der kommenden Jahre finanziert werden können. Wirtschaftlich wäre dies allerdings sehr ungesund, da mit verfrüht aufgenommenen Krediten lediglich Haushaltsausgabereste finanziert würden, es also zu einer höchst unwirtschaftlichen Kreditaufnahme käme. Da die Logik des Gesetzes davon ausgeht, dass auch im Vermögenshaushalt nur die Investitionen veranschlagt werden, die im Haushaltsjahr voraussichtlich kassenwirksam werden, ist die Bildung von Haushaltsausgaberesten lediglich eine Reparaturvorschrift für eine nicht funktionierende Planung und dürfte den absoluten Ausnahmefall darstellen. Damit ist es auch nach der Gesetzeslogik unproblematisch, dass die Bildung von Haushaltseinnahmereste nur auf ein Jahr beschränkt wird.

Als Ergebnis ist somit festzuhalten, dass auch bei nicht rechtzeitig bekanntgemachter Haushaltssatzung ein für das letzte Jahr gebildeter Haushaltseinnahmerest nicht weiter übertragen werden darf und dass eine Nichtfinanzierbarkeit der

Haushaltsausgabereste damit begründet ist, dass die Haushaltsmittel zu früh eingeplant worden sind.

Auf staatlicher Ebene hat der VGH NRW am 2. 9. 2003 eine bedeutende Entscheidung getroffen, die auch für die kommunale Haushaltswirtschaft von Bedeutung ist. Das Land NRW hatte in den Jahren 2000 und 2001 Kredite aufgenommen, die nicht zur Bedarfsdeckung in den beiden Haushaltsjahren dienten und stattdessen der Rücklage zugeführt worden waren. Dadurch konnten in den folgenden Jahren durch Rücklagenentnahmen erfolgswirksame Ausgaben finanziert werden, ohne dass es zu einer verfassungswidrigen Finanzierung der nicht investiven Ausgaben durch Kredite gekommen wäre. Hierzu hat der VGH NRW festgestellt, dass die Bildung kreditfinanzierter Rücklagen zur Deckung des Finanzbedarfs in künftigen Haushaltsjahren dem Wirtschaftlichkeitsgebot nach der Landesverfassung widerspreche. *109a*

Die Entscheidung ist auch für die Kommunen von Bedeutung: Erlöse aus Grundstücksverkäufen oder Entnahmen aus der Allgemeinen Rücklage sind nur dann zulässig, wenn der Erweb der Grundstücke bzw. die Zuführung zur Allgemeinen Rücklage nicht kreditfinanziert war. In der Regel dürfte es aber so gewesen sein, dass eine Gemeinde ihre Grundstückskäufe mit Krediten finanziert hat – was durchaus sinnvoll ist. Das Verkaufen der Grundstücke zur Finanzierung der Ausgaben des Verwaltungshaushalts ist also nichts anderes als eine unzulässige Kreditfinanzierung der erfolgswirksamen Ausgaben. Auch nach dieser Entscheidung schreiten Kommunalaufsichtsbehörden nicht ein, wenn Gemeinden sich so verhalten, wie die Landesregierung es 2000 und 2001 vorgemacht hatte.

6.4.2 Ausgleich des Verwaltungshaushalts durch Zuführung vom Vermögenshaushalt

Angesichts der immer knapper werden finanziellen Mittel greifen Kämmerer und Politiker oftmals zu einem Instrument, das vermeintlich hilft: Entnahmen aus der Allgemeinen Rücklage bis auf 2 % und der Verkauf von Vermögensgegenständen werden dem Verwaltungshaushalt zugeführt, um diesen auszugleichen. Hierzu hatte das Innenministerium Nordrhein-Westfalen sich eindeutig geäußert; seine Auffassung wurde in den Mitteilungen des NWStGB vom 5. 10. 1995 veröffentlicht: *109b*

„Aufgrund der zunehmend problematischen haushaltswirtschaftlichen Lage der Städte und Gemeinden wächst die Zahl der Kommunen, die nur über eine Zuführung nach § 22 Abs. 3 GemHVO NW in der Lage sind, den Haushalt auszugleichen. Die Auslegung dieser Vorschrift im Einzelnen bereitet teilweise erhebliche Schwierigkeiten. Mit Schreiben vom 31. 8. 1995 (Az. III B 3-5/10-3681/95) hat das Innenministerium des Landes Nordrhein-Westfalen hierzu wie folgt Stellung genommen: „Bei der Anwendung der Vorschriften des Gemeindehaushaltsrechts

117

ist die als Muss-Vorschrift ausgestaltete Bestimmungen über den Haushaltsausgleich (§ 75 Abs. 3 GO rechtlich verbindlich. Zum Ausgleich des Haushalts sind neben Ausgabeeinsparungen, die unbedingt Vorrang haben müssen, grundsätzlich auch alle Finanzreserven, bestehend aus der allgemeinen Rücklage, veräußerbarem Vermögen, einem bestehenden Erhöhungsspielraum bei Abgaben und ggf. Umlagen sowie Verschuldungsspielräumen unter Einschluss möglicher Tilgungsstrecken zu nutzen (vgl. hierzu auch meinen Runderlass – Haushaltssicherungskonzepte – vom 29. 7. 1991, MBI. NW S.1190). Bei der von Ihnen angesprochenen Inanspruchnahme der allgemeinen Rücklage oder der Veräußerung von Anlagevermögen ist jedoch darauf zu achten, dass solche Maßnahmen der Konsolidierung des Haushalts dienen müssen. Wird damit nur erreicht, dass ein unausgeglichener Verwaltungshaushalt zwar vorübergehend ausgeglichen wird, die tatsächlichen Ursachen des Defizits aber bestehen bleiben und die notwendigen Konsolidierungsmaßnahmen ,auf die lange Bank geschoben' werden, fördern solche Maßnahmen nur die Auszehrung des Vermögens und können darüber hinaus statt zu dem erstrebten Nutzen zu einer zunehmenden Zerrüttung der Finanzwirtschaft der Kommune führen. Ob ein Haushalt durch ein in der Finanzwirtschaft der Gemeinde wurzelndes Ungleichgewicht von Einnahmen und Ausgaben unausgeglichen ist oder nur ein zeitweiliger Engpass besteht, dem durch eine Rückführung von Mitteln aus dem Vermögenshaushalt dauerhaft beizukommen ist, lässt sich nur durch eine eingehende Analyse der Finanzlage der betreffenden Kommune erkennen. Deshalb wäre es nicht sachgerecht, eine Rückführung in den Verwaltungshaushalt im Sinne des § 22 Abs. 3 GemHVO generell für unbedenklich zu erklären, wenn der Bestand der Pflichtrücklage erhalten bleibt und die Pflichtzuführung gewährleistet wird. Eine sorgfältige Analyse der kommunalen Finanzwirtschaft ist in solchen Fällen unerlässlich. Ich halte es deshalb auch nicht für möglich, eine einzelfallbezogene, im Rahmen des Anzeigeverfahrens nach § 79 Abs. 5 GO vorzunehmende Prüfung an allgemeine Richtlinien zu binden."

6.4.3 Wirtschaftliche Nutzungsdauer von Anlagegütern und ihre Finanzierung

110   Kredite werden grundsätzlich als so genannte Annuitätendarlehen aufgenommen. Das bedeutet, dass über die gesamte Laufzeit des Kredits ein gleichbleibender Betrag aus Zinsen und Tilgung zu zahlen ist; durch die Reduzierung der Darlehnsschuld verändern sich die Zins- und Tilgungsleistungen so, dass die Zinslast sinkt, die Tilgungslast steigt. Diese Finanzierung ist auf eine lange Laufzeit angelegt; je nach Höhe des Zinssatzes und Fälligkeitsdatum der Raten schwankt die Laufzeit eines derartigen Darlehns um 30 Jahre.

Erlasse der zuständigen Innenministerien weisen darauf hin, dass nach dem Grundsatz der Gesamtdeckung ein Kredit nicht mehr einer bestimmten Maßnahme zugerechnet werden kann. Da kommunale Investitionen im Vermögenshaushalt zum überwiegenden Teil langlebig seien, werde man regelmäßig auch lange Kreditlaufzeiten vereinbaren. Allerdings verbiete der Gesamtdeckungsgrundsatz nicht, die Laufzeiten zu mischen. Bei der Kreditfinanzierung des Vermögenshaushalts wird wegen dieses Haushaltsgrundsatzes regelmäßig nicht darauf geachtet, ob die wirtschaftliche Nutzungsdauer der zu beschaffenden Güter mit der Laufzeit des Kredits übereinstimmt. Dadurch unterscheidet sich die Kreditfinanzierung der öffentlichen Hand erheblich von der der privatrechtlich organisierten Unternehmen. Benötigt eine Gesellschaft des privaten Rechts einen Kredit zur Unternehmensfinanzierung, wird von den Kreditinstituten die Bilanz darauf untersucht, ob die Posten auf Aktiv- und Passivseite zeitlich kongruent sind. Das bedeutet, dass mit langfristigem Kapital langfristige Anlagegüter finanziert sein müssen, mit kurzfristigem Kapital kurzfristige Anlagegüter. Weitere Kreditwünsche sind immer dann problematisch, wenn z. B. Güter mit kurzer wirtschaftlicher Nutzungsdauer bereits mit Krediten finanziert sind, die eine Laufzeit besitzen, die weit über die Nutzungsdauer hinausgeht.

Anders als bei Unternehmen des Privatrechts führen Banken bei Kommunen derartige Analysen nicht durch. Sie verwaltungsintern durchzuführen, gebietet bereits das Wirtschaftlichkeitsprinzip und der Haushaltsgrundsatz der stetigen Aufgabenerfüllung. Die Belastung auf Kreditaufnahmen ohne entsprechenden Gegenwert kann die Aufgabenerfüllung nachhaltig beeinträchtigen; es ist Aufgabe des Rechnungsprüfungsamtes, eine entsprechende Analyse zu prüfen oder, wenn der Kämmerer sie unterlässt, selbst durchzuführen.

Nach Anlage 18, Muster zu § 38 (2) GemHVO sind in der Regel mindestens *111* folgende Anlagegruppen bei kostenrechnenden Einrichtungen auszuweisen:

1. Grundstücke und grundstücksgleiche Rechte

2. Betriebsanlagen und sonstige technische Anlagen

3. Bewegliche Sachen

Werden Anlagegüter von Ämtern oder Fachbereichen verwaltet, die keine kostenrechnende Einrichtungen sind, kann die Gemeinde Anlagenachweise führen. Das Rechnungsprüfungsamt sollte darauf drängen, dass durch örtliche Dienstanweisung des Hauptverwaltungsbeamten nicht nur Inventarverzeichnisse, sondern Anlagenachweise geführt werden.

Eine weitere Unterteilung, die über die Mindestanforderungen hinausgeht, etwa nach unbebauten Grundstücke und bebauten Grundstücke, nach LKW, PKW und sonstigen Fahrzeugen und Werkzeugen über 800 € (netto) Anschaffungskosten, ist möglich. In den Gemeinden, in denen eine detaillierte Unterteilung noch nicht vorgesehen ist, sollte das Rechnungsprüfungsamt sie fordern, damit eine Untersuchung, ob Finanzierungsdauer der Anlagegüter ihrer wirtschaftlichen Nutzungsdauer entspricht.

Zur Prüfung sind die Vermögensübersicht gemäß Anlage 15, Muster zu § 43 *112* (1) GemHVO sowie die Übersicht über die Schulden gemäß Anlage 16, Muster zu § 43 (2) GemHVO heranzuziehen. Danach bietet sich folgende Vorgehensweise an:

1. Die Kapitalkosten des Vermögens der kostenrechnenden Einrichtungen werden über kalkulatorische Zinsen von den Abgabepflichtigen bezahlt. Soweit die Summe der Schulden nicht höher ist als das Vermögen der kostenrechnenden Einrichtungen, kann von einer wirtschaftlichen Verschuldenspolitik gesprochen werden. Wenn weiterhin die Summe der kalkulatorischen Zinsen mit den aufzuwendenden Zinslasten annähernd gleich ist, kann die Prüfung an dieser Stelle beendet werden; auch weiterer Aufwand bringt kein anderes Ergebnis.

2. Übersteigen die Schulden das Vermögen der kostenrechnenden Einrichtungen, ist die Finanzierung anhand der Vermögensübersicht weiter zu untersuchen. In ihr ist das Vermögen nach § 38 (1) GemHVO nachzuweisen. Danach sind neben dem Geldvermögen die Forderungen des Anlagevermögens gegliedert nach

   1. Beteiligungen sowie Wertpapiere, die die Gemeinde zum Zweck der Beteiligung erworben hat (hierbei handelt es sich in der Regel um das Gesellschafterkapital an eigenen Gesellschaften oder um Aktien an überregionalen Versorgungsunternehmen, die im Verwahrgelass der Stadtkasse vorhanden sein müssen),

   2. Forderungen aus Darlehn, die die Gemeinde aus Mitteln des Haushalts in Erfüllung einer Aufgabe gewährt hat (z. B. gemeindliche Wohnungsbaudarlehn an Bedienstete oder Einwohner der Gemeinde),

   3. Kapitaleinlagen der Gemeinde in Zweckverbänden oder anderen kommunalen Zusammenschlüssen,

   4. das von der Gemeinde in ihre Sondervermögen eingebrachte Eigenkapital (von der Bedeutung her sind vorrangig die Eigenbetriebe zu nennen)

   nachzuweisen. Regelmäßig kann davon ausgegangen werden, dass die unter Nr. 1 bis 4 nachgewiesenen Vermögen auf Dauer bei der Gemeinde bleiben sollen oder – bei Nr. 2 – auf eine Finanzierungsdauer von 30 Jahren ausgelegt sind. Das ist vom Rechnungsprüfungsamt zu prüfen.

   Im nächsten Schritt sind die Schulden und die Vermögenswerte gegenüberzustellen:

3. Übersteigen die Schulden die Vermögenswerte, deutet dies auf eine unzulässige Kreditaufnahme in Vorjahren zur Finanzierung von Ausgaben des Verwaltungshaushalts oder auf eine nicht zeitkongruente Finanzierung der Anlagegüter hin. Dann wurde nämlich in Vorjahren der Vermögenshaushalt mit langfristigen Krediten finanziert, obwohl überwiegend kurzfristige Wirtschaftsgüter angeschafft worden sind. Die stetige Aufgabenerfüllung ist stark gefährdet.

120

Entsprechen die Schulden der Höhe des Vermögens, ist der Wert des beweglichen Vermögens zu ermitteln. Sofern die Gemeinde ausschließlich Annuitätendarlehen aufgenommen hat, besteht die Gefahr, dass in naher Zukunft die Schulden die Vermögenswerte übersteigen.

4. Unterschreiten die Schulden die Vermögenswerte, liegen aber höher als die Werte der kostenrechnenden Einrichtungen, ist zu prüfen, welche Gegenstände mit langfristigen Krediten finanziert worden sind. Generelle Handlungsvorgaben sind nicht möglich; je nach Lage des Einzelfalls müssen Schlussfolgerungen gezogen werden.

In Fällen, in denen die Finanzierung nicht mit den finanzierten Anlagegütern *113* übereinstimmt, ist die Finanzierung des Vermögenshaushalts einer besonderen Prüfung zu unterziehen. Das Wirtschaftlichkeitsgebot und der Grundsatz der stetigen Aufgabenerfüllung verlangt eine andere Kreditart als die des Annuitätendarlehens mit einem Tilgungssatz von 1 % zzgl. ersparter Zinsen. Entweder liegt der Tilgungssatz bei einem sehr hohen Prozentsatz oder es wird ein Festbetragsdarlehen aufgenommen.

Natürlich wird dem entgegengehalten, dass nach § 16 GemHVO das Gesamtdeckungsprinzip gilt und dass eine Zuordnung des Gesamtbetrages der Kreditermächtigung nicht vorgesehen ist. Dieses Argument ändert aber nichts an der Tatsache, dass eine Analyse der Finanzierung des Vermögenshaushalts möglich und erforderlich ist. Folgende Kennzahlen aus der Gruppierungsübersicht des Haushaltsplans sind erforderlich, um die Größenordnung der Kreditsumme, die als Festbetragsdarlehen aufgenommen werden sollte, festzulegen:

$$\frac{\text{Summe aller Ausgaben bei UGr 935}}{\text{Summe aller Ausgaben bei Gr und UGr 92, 930, 932, 94, 95, 96}}$$

Beide Summen werden ins Verhältnis zueinander gesetzt; im gleichen Verhältnis werden die Kredite als Festbetrags- und (klassisches) Annuitätendarlehen aufgenommen. Auf diesem Weg gelingt es, die Probleme der dauernden gesunden Finanzierung des Vermögenshaushalts zu meistern.

Im doppischen Haushaltsrecht dürfen Kredite ebenfalls nur für Investitionen *113a* unter der Voraussetzung des § 77 Abs. 3 (Die Gemeinde darf Kredite nur aufnehmen, wenn eine andere Finanzierung nicht möglich ist oder wirtschaftlich unzweckmäßig wäre) und zur Umschuldung aufgenommen werden. Die daraus übernommenen Verpflichtungen müssen mit der dauernden Leistungsfähigkeit der Gemeinde in Einklang stehen. Der letzte Satz ist hierbei von besonderer Bedeutung, weil damit letztendlich die zeitliche Kongruenz zwischen wirtschaftlicher Nutzungsdauer einer Investition und der Kreditlaufzeit geschaffen wird. Da in der Bilanz auch die Laufzeit der Kredite anzugeben ist, lässt sich mit den normalen Rechen- und Regelwerken überprüfen, ob die Gemeinde die goldene Bilanzregel eingehalten hat. Dem Rechnungsprüfungsamt fällt es leichter, bei Nichtbeachtung dieser Regel einen Verstoß gegen das Wirtschaftlichkeitsgebots (und damit auch gegen das Rechtmäßigkeitsgebot) zu monieren.

Eine längere Kreditfinanzierungsdauer als die wirtschaftliche Nutzungsdauer führt regelmäßig in ein finanzielles Desaster. Hierzu ein Beispiel: Eine Gemeinde erwirbt 40 Personalcomputer mit Monitor und Drucker im Wert von 100.000 € und finanziert diese im Rahmen der „normalen" Kreditfinanzierung mit einem Annuitätendarlehn. Bei einer Zinsfestschreibung von 15 Jahren müssen dafür Anfang Dezember 2005 knapp 4 % Zinsen gezahlt werden.

Nach 4 Jahren werden die Computer ersetzt – und erneut mit Krediten finanziert. Allerdings sind vom 1. Kredit nach 4 Jahren erst ~ 4.200 € getilgt; der Rest muss noch abgezahlt und verzinst werden. Nach weiteren 4 Jahren sind die mit Krediten finanzierten Investitionsgüter längst verschrottet – und die Kredite aus der 1. Finanzierung müssen weiter abgezahlt werden. Es leuchtet ohne weiteres ein, dass dadurch die finanziellen Spielräume immer enger werden; die Leistungsfähigkeit einer Gemeinde lässt nach. Dann aber stehen die übernommenen Verpflichtungen nicht mehr mit der dauernden Leistungsfähigkeit in Einklang und bedeuten eine rechtswidrige Kreditfinanzierung.

KAPITEL IV
Prüfung der 1. Eröffnungsbilanz

1. Ausgangsbasis für das NKF

Bereits seit geraumer Zeit wird in verschiedenen Bundesländern diskutiert, das *114* Rechnungswesen der Öffentlichen Hand zu reformieren. In Nordrhein-Westfalen und Niedersachsen sind die haushaltsrechtlichen Vorschriften mittlerweile geändert, in weiteren Ländern stehen die Reformbemühungen vor dem Abschluss. Ziel aller Reformbemühungen ist die Ablösung des kameralen Haushaltsrechtes durch ein Rechnungswesen auf der Basis der kaufmännischen Buchführung (Doppik).

1.1 Eckpunkte des NKF

Inhaltlich orientiert sich kaufmännische Rechnungswesen für Kommunen *115* zunächst an den bereits bestehenden gesetzlichen Regelungen für Kapitalgesellschaften im Handelsgesetzbuch (HGB). Lediglich da, wo es die kommunale Eigenart erforderlich macht, werden kommunalspezifische Regelungen aufgestellt.

Die wesentlichen Unterschiede zwischen der Kameralistik einerseits und der Doppik andererseits bestehen

▷ in der Darstellung des gesamten Ressourcenverbrauchs und des gesamten Ressourcenaufkommens sowie

▷ im vollständigen Nachweis des kommunalen Vermögens und dessen Finanzierung.

Für ein doppisches Rechnungswesen sprechen vor allem die gute Unterstützung der inhaltlichen Reformziele durch ein geschlossenes ressourcenverbrauchsorientiertes Rechnungskonzept sowie die mit einer Reform einhergehende Vereinheitlichung des Rechnungswesens im „Konzern Kommune". Letzteres vor dem Hintergrund, dass die kommunalen Eigenbetriebe bzw. eigenbetriebsähnlichen Einrichtungen sowie die in Privatrechtsform (GmbH, AG, o.ä.) betriebenen kommunalen Eigengesellschaften nach den einschlägigen gesetzlichen Grundlagen bereits heute die kaufmännische Rechnungslegung praktizieren.

Hierbei hat man nicht verkannt, dass privatwirtschaftliche und kommunale Zielsetzungen keineswegs deckungsgleich sind. Während kaufmännisches Agieren von Gewinnstreben und Gewinnmaximierung geprägt ist, handelt die Kommune in erster Linie zum Wohle ihrer Bürgerinnen und Bürger, d.h. Sorge tragen für eine vom Gemeinderat zu definierende Daseinsvorsorge mit möglichst niedriger finanzieller Belastung des Bürgers.

Dieser Zielkonflikt soll gelöst werden, indem das kaufmännische Rechnungswesen und die damit verbundenen gesetzlichen Regelungen des Handelsgesetzbuches immer dann als Referenzmodell gelten (sollen), wenn die spezifischen Ziele und Aufgaben des Rechnungswesens einer Kommune dem nicht entgegenstehen.

Dies führte letztlich zu folgender Ausgestaltung eines doppischen Rechnungswesens für Kommunen:

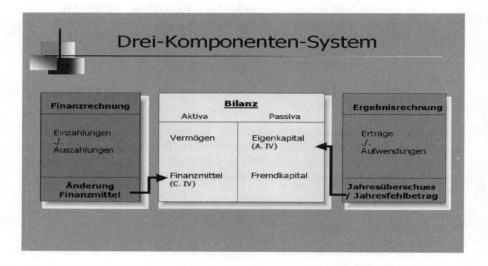

Im Mittelpunkt dieses Drei-Komponenten-Systems steht die Bilanz, deren Aufgabe darin besteht, das kommunale Vermögen und dessen Veränderungen wertmäßig nachzuweisen und die Finanzierung dieses Vermögens darzustellen.

Die zweite Komponente stellt die Ergebnisrechnung dar, mit deren Hilfe durch Gegenüberstellung sämtlicher Erträge und Aufwendungen einer Periode der Erfolg der Kommune nachgewiesen werden kann. Das in der Ergebnisrechnung ausgewiesene Ergebnis verändert das kommunale Eigenkapital. Die Ergebnisrechnung entspricht von ihren Aufgaben und Zielen der kaufmännischen Gewinn- und Verlustrechnung (GuV).

Die dritte Komponente ist hingegen in dieser Form völlig neu. Hierbei handelt es sich um die Finanzrechnung, die mittels Gegenüberstellung von Einzahlungen und Auszahlungen – also der Zahlungsgrößen – die Änderung des Finanzmittelbestandes aufzeigen soll. Sie stellt insoweit ein Relikt der Kameralistik dar.

Neben der Bilanz, der Ergebnisrechnung und der Finanzrechnung hat das neue Haushaltsrecht – über das Referenzmodell des HGB hinaus – eine Planungskomponente geschaffen, nämlich den Ergebnisplan und den Finanzplan (vgl. Rand-Nr. 118). Der Finanzplan ist dabei für die Politik von hoher Bedeutung, da ausschließlich über ihn die politisch bedeutsamen Investitionsentscheidungen festgelegt werden. Der Erfolgsplan dagegen wird den Stellenwert des bisherigen Verwaltungshaushalts erhalten. So führt ein unausgeglichener Erfolgsplan zu Konsequenzen bis hin zur Notwendigkeit ein Haushaltssicherungskonzept aufzustellen. Ist dagegen der Finanzplan trotz des rechtlichen Gebots der Ausgeglichenheit unausgeglichen, hat dies keine rechtlichen Konsequenzen. Allerdings muss man davon ausgehen, dass ein Ausgleich i. d. R. über die Veranschlagung der Kreditermächtigung erreicht werden kann.

1.2 Die Messung des Ressourcenverbrauchs in der Ergebnisrechnung

Die Kameralistik ist eine Zahlungsrechnung. Sie dokumentiert die im laufenden Haushaltsjahr geleisteten bzw. erhaltenen Zahlungen. Dies bedeutet, dass zahlungsunwirksame Geschäftsvorfälle grundsätzlich nicht abgebildet werden. Man spricht in diesem Zusammenhang auch vom so genannten Geldverbrauchskonzept. *116*

Es gibt allerdings sehr wohl nicht zahlungswirksame Geschäftsvorfälle, die von erheblicher Bedeutung für die Kommune sind. Zu nennen sind hier beispielsweise Abschreibungen und Zuführungen zu Pensionsrückstellungen.

Abschreibungen werden im kameralen Haushalt – mit Ausnahme der kostenrechnenden Einrichtungen (sog. „Gebührenhaushalte"), wo dies gesetzlich vorgeschrieben ist (§ 12 GemHVO) – nicht erfasst. Erst wenn die Ersatzinvestitionen anstehen, werden die dann notwendigen Auszahlungen aus dem laufenden Haushalt bestritten.

So schlägt sich beispielsweise die Beschaffung eines Spezialfahrzeuges für den städtischen Betriebshof im Haushaltsplan als Ausgabe in Höhe der Anschaffungskosten nieder. In den kommenden 10 Jahren, in denen dieses Fahrzeug genutzt und abgenutzt und damit letztlich verbraucht wird, finden sich in den Haushaltsplänen keine aktuellen Angaben mehr. Mit anderen Worten: eine Dokumentation des nicht (aus-)zahlungswirksamen Werteverlustes erfolgt nicht.

Im kaufmännischen Rechnungswesen (Doppik) werden hingegen auch die nicht zahlungswirksamen Größen erfasst. Dieses Ziel verfolgt das Ressourcenverbrauchskonzept.

Die Messung des Ressourcenverbrauchs in einer Periode setzt voraus, dass die von einer Kommune während einer Abrechnungsperiode verbrauchten Güter und Dienstleistungen wertmäßig erfasst werden. In der Betriebswirtschaft wird dieser Werteverzehr (Wertverbrauch) als Aufwand bezeichnet. Den Aufwendungen einer

Periode werden die Erträge der Periode – also die Wertzuwächse – gegenüberge-
stellt, um das Jahresergebnis zu ermitteln.

Aus den Aus- und Einzahlungen bzw. den Ausgaben und Einnahmen kann nicht
abgelesen werden, wie erfolgreich eine Kommune bei ihrer Leistungserstellung
und wie hoch der tatsächliche Ressourcenverbrauch in einer Abrechnungsperiode
gewesen ist. So würde sich beispielsweise der Verkauf eines kommunalen Grund-
stückes für 500.000 € im kameralen Haushaltsrecht wegen der damit verbundenen Einnahme positiv niederschlagen. Bei einem angenommenen Buchwert (in
der Bilanz ausgewiesener Wert) in gleicher Höhe ergibt sich im kaufmännischen
Rechnungswesen jedoch kein Ertrag, mit anderen Worten: der Verkauf wäre in
dieser Form erfolgsneutral. Sollte der Buchwert sogar höher sein als der Verkaufs-
preis, so würde dies – trotz des sicherlich in diesem Beispielfall nicht unerheb-
lichen Zahlungsmittelzuflusses – kaufmännisch zu einem Aufwand in Höhe der
Differenz zwischen Buchwert und Verkaufserlös führen. Erst recht gilt das für eine Finanzierungsart, die in den letzten Jahren einen erheblichen Zuspruch gefunden hatte, seit Anfang 2005 aber aufgrund geänderter US-Steuergesetze nicht
mehr aktuell ist: Das „cross-boarder-leasing". Die Vertragsgestaltungen mach-
ten nur unter kameralen Gesichtspunkten Sinn, weil Geld in die Kasse kam. Im
doppischen Haushalt stellt sich die Angelegenheit als Tausch auf der Aktiva-Seite
dar – und bringt keinen Vorteil.

117   Die Erfassung und Gegenüberstellung von Aufwendungen und Erträgen zwecks
Ermittlung eines Saldos erfolgt im Neuen Kommunalen Finanzmanagement in der
Ergebnisrechnung. Die Ergebnisrechnung entspricht insoweit der handelsrecht-
lichen Gewinn- und Verlustrechnung. Die abweichende, eher neutrale Bezeich-
nung wurde bewusst gewählt, da die Kommunen weder eine Gewinnerzielungsab-
sicht verfolgen, noch aus Gründen der Besteuerung Verluste ausweisen wollen.

Die Ergebnisrechnung hat die Aufgabe, über die Art, die Höhe und die Quellen
der Ergebniskomponenten zu informieren. Sie zeigt die Quellen und Ursachen des
Ressourcenaufkommens und des Ressourcenverbrauchs auf und ermittelt das Jahresergebnis, welches sich als Überschuss oder Fehlbetrag darstellen kann. Gegenüber dem kameralen Rechnungssystem werden die Ressourcenverbräuche vollständig und periodengerecht erfasst.

Vollständig heißt vor allem einschließlich der Abschreibungen und einschließlich der erst später zahlungswirksam werdenden Zahlungen (bspw. der Rückstellungen für später zu leistende Pensionszahlungen).

Periodengerecht bedeutet, dass nicht mehr der Zeitpunkt der Zahlung über die
Zuordnung zum Haushaltsjahr entscheidet, das belastet wird, sondern der Zeitraum, in dem der Ressourcenverbrauch durch die Verwaltungstätigkeit tatsächlich
anfällt. Wird im Dezember 2005 die Miete für Januar 2006 vertragsgemäß im Voraus bezahlt, so ist dieser Aufwand für das Jahr 2006 ergebniswirksam zu erfassen. Werden hingegen Zinsen für Dezember 2005 erst im Januar 2006 bezahlt, so

muss der Zinsaufwand trotzdem im Jahr 2005 ergebniswirksam gebucht werden. Buchungstechnisch geschieht dies durch Vornahme transitorischer sowie antizipativer Rechnungsabgrenzungen. Im Gegensatz zum kameralen Rechnungswesen ist es im kaufmännischen Rechnungswesen nicht nur möglich sondern auch erforderlich, zu Beginn des Jahres eingehende Rechnungen, die das Vorjahr betreffen, buchungstechnisch dem alten Jahr zuzuordnen. Geht also beispielsweise die Deponieabrechnung der Kreisverwaltung für den Dezember des Vorjahres im Februar des Folgejahres ein, so ist dieser Aufwand dem Vorjahr zuzuordnen und gleichzeitig eine Verbindlichkeit zum 31. 12. des Jahres auszuweisen. Diese Verbindlichkeit würde dann mit Bezahlung der Rechnung im Februar des Folgejahres beglichen.

Neben der Rechnungskomponente wird es im Neuen Kommunalen Finanzmanagement – wie in der Kameralistik – auch eine Planungskomponente geben. Mit Hilfe des Ergebnisplanes nimmt der Rat durch die Veranschlagung der im Haushaltsjahr geplanten Aufwendungen und Erträge im Haushaltsplan sein Budgetrecht mit dem Ziel der Steuerung der Ressourcen wahr. *118*

Er ermächtigt die Verwaltung durch den Ergebnisplan, die entsprechenden Ressourcen einzusetzen.

Der Begriff „Ergebnisrechnung" wird im Folgenden sowohl für die Planungs- als auch für die Rechnungskomponente verwendet, da in der Regel die Inhalte der Rechnung und der Planung identisch sind.

2. Aufbau und Inhalt der Ergebnisrechnung

Die Ergebnisrechnung als Bestandteil des Jahresabschlusses weist die Jahresergebnisse des Vorjahres, die fortgeschriebenen Ansätze des Rechnungsjahres, die Ist-Ergebnisse des Rechnungsjahres sowie einen Ansatz/Ist-Vergleich aus. Die Ergebnisrechnung gliedert sich in eine Gesamtergebnisrechnung und in Teilergebnisrechnungen. Als grober Anhalt lässt sich sagen, dass die Gesamtergebnisrechnung/der Gesamtergebnisplan dem kameralen Gesamtplan, die Teilergebnisse den bisherigen Einzelplänen entsprechen. Sachlich ist dies sicherlich falsch, weil die produktorientierte Teilergebnisrechnung nicht dem Rechnungsergebnis in den Einzelplänen entspricht, aber es vermittelt eine Vorstellung über die Struktur der künftigen Rechnungslegungen. *119*

Enthält die Gesamtergebnisrechnung somit die insgesamt von einer Kommune im Haushaltsjahr eingesetzten Ressourcen, so werden in den Teilergebnisrechnungen der Ressourceneinsatz einzelner, abgegrenzter Produktgruppen (Verwaltungsbereiche) dargestellt. Die Summe aller Teilergebnisrechnungen ist identisch mit den Werten in der Gesamtergebnisrechnung.

Für den Ausweis der Aufwendungen und Erträge gilt das sog. Bruttoprinzip oder Saldierungsverbot des Handelsgesetzbuches. Dem Bruttoprinzip entspricht in der Kameralistik der Grundsatz der Bruttoveranschlagung. Nach diesem Grundsatz dürfen die Posten der Ergebnisrechnung nicht miteinander verrechnet werden, sondern müssen getrennt ausgewiesen werden. Durch diese Gegenüberstellung aller Aufwendungen und Erträge bleiben die Quellen des Ergebnisses erkennbar.

In Anlehnung an das Handelsrecht wird die Ergebnisrechnung in Staffelform aufgestellt. Dies bedeutet, das die Aufwendungen und Erträge in logischen Gruppen untereinander ausgewiesen werden. Die Bildung von Zwischensummen führt zu einer größeren Übersichtlichkeit und höheren Aussagekraft der Ergebnisrechnung.

Es werden zunächst die ordentlichen Erträge und Aufwendungen dargestellt und saldiert. Dieser Saldo ergibt das Ergebnis der gewöhnlichen Verwaltungstätigkeit (im Handelsrecht ist dies das Ergebnis der gewöhnlichen Geschäftstätigkeit). Addiert man hierzu das Finanzergebnis, welches sich im Wesentlichen aus Zinserträgen und -aufwendungen zusammensetzt, so erhält man das ordentliche Jahresergebnis. Sofern keine außerordentlichen Erträge bzw. Aufwendungen ausgewiesen werden, entspricht das ordentliche Jahresergebnis zugleich dem Jahresergebnis.

Wie im Handelsrecht so soll auch im Neuen Kommunalen Finanzmanagement das außerordentliche Ergebnis eng ausgelegt und nach den individuellen Gegebenheiten der Kommune bestimmt werden. Zum außerordentlichen Ergebnis gehören in Anlehnung an das Handelsgesetzbuch zunächst alle Aufwendungen und Erträge, die selten sind und außerhalb der gewöhnlichen Tätigkeit der Kommune anfallen.

Bewirtschaftet beispielsweise eine Kommune einen Weinberg, so ist dies aus der individuellen Sicht dieser Kommune gewöhnlich, aus der Sicht einer so genannten Musterkommune jedoch nicht. Für die kommunale Ergebnisrechnung soll der Standpunkt eines Betrachters, der die individuellen Verhältnisse der Kommune zu berücksichtigen hat, maßgeblich sein.

Ein weiteres Kriterium für die Abgrenzung des außerordentlichen Ergebnisses gegenüber dem ordentlichen Ergebnis ist die finanzielle Bedeutung eines Geschäftsvorfalls z. B. im Verhältnis zum gesamten Jahresergebnis. Ob ein Vorgang von finanzieller Bedeutung ist, kann sachgerecht nur individuell von der Kommune selbst festgelegt werden. Hierzu sind noch geeignete Maßstäbe (Kennzahlen) zu entwickeln.

Zusammengefasst beinhaltet das außerordentliche Ergebnis des Neuen Kommunalen Finanzmanagements alle Aufwendungen und Erträge, die auf seltenen und ungewöhnlichen Vorgängen von wesentlicher Bedeutung für die individuellen kommunalen Gegebenheiten beruhen.

2.1 Die Teilergebnisrechnung

Bei den Teilergebnisrechnungen handelt es sich um Einzelabschlüsse auf der *120*
Ebene der Mindestgliederung des Haushalts aus Produktbereichen. Die Mindestgliederung des Haushalts wird im Produktrahmen vorgegeben. Dieser ersetzt
künftig die Gliederungsvorschriften. Darüber hinaus steht es jeder Kommune frei,
ihren Haushalt unterhalb der Mindestgliederung detaillierter zu gliedern. In NRW
erfolgt die Mindestgliederung nach 17 Produktbereichen:

01 Innere Verwaltung
02 Sicherheit und Ordnung
03 Schulträgeraufgaben
04 Kultur und Wissenschaft
05 Soziale Leistungen
06 Kinder-, Jugend- und Familienhilfe
07 Gesundheitsdienste
08 Sportförderung
09 Räumliche Planung und Entwicklung, Geoinformationen
10 Bauen und Wohnen
11 Ver- und Entsorgung
12 Verkehrsflächen und -anlagen, ÖPNV
13 Natur- und Landschaftspflege
14 Umweltschutz
15 Wirtschaft und Tourismus
16 Allgemeine Finanzwirtschaft
17 Stiftungen

Die Gliederung von Gesamtergebnisrechnung und Teilergebnisrechnungen ist
nahezu identisch. Es gibt jedoch zwei Unterschiede, die im Folgenden kurz beschrieben werden sollen.

So können in den Teilergebnisrechnungen zusätzlich die Aufwendungen und
Erträge aus internen Leistungsbeziehungen zwischen den Produktbereichen gem.
§ 17 GemHVO NRW abgebildet werden. Aus diesem Grund wird ein Jahresergebnis vor und ein Jahresergebnis nach Berücksichtigung der internen Leistungsbeziehungen ausgewiesen.

Darüber hinaus enthalten die Teilergebnisrechnungen einen nachrichtlichen *121*
Ausweis der nicht zahlungswirksamen Aufwendungen und Erträge. Hierzu gehören auf der Aufwandsseite im Wesentlichen die Abschreibungen sowie die Zuführungen zu den Pensionsrückstellungen. Nicht zahlungswirksame Erträge sind beispielsweise aktivierte Eigenleistungen sowie Bestandserhöhungen an fertigen und
unfertigen Erzeugnissen.

Wie unter Rand-Nr. 115 erwähnt, ist eines der mit dem Neuen Kommunalen
Finanzmanagement verbundenen Ziele, Transparenz über den vollständigen Res-

sourcenverbrauch und das vollständige Ressourcenaufkommen der Kommune zu schaffen. Daher ist es sinnvoll, auch die internen Leistungsbeziehungen im Haushaltsplan darzustellen.

Erkenntnisse aus den internen Leistungsbeziehungen können z. B. für die Entscheidung herangezogen werden, eine Leistung künftig extern oder intern zu beziehen. Leistungsbeziehungen mit Sondervermögen werden hingegen nicht über die internen Aufwands- und Ertragsverrechnungen abgebildet, sondern als „Fremde Dienstleistungen" veranschlagt. Der Ausweis der internen Leistungsbeziehungen erfolgt in den Teilergebnisrechnungen differenziert nach Aufwendungen (für bezogene Leistungen) und Erträgen (für abgegebene Leistungen) in aggregierter Form.

Allerdings ist darauf zu achten, dass Gemeinkostenzuschläge keine internen Leistungsbeziehungen darstellen. Die „Verrechneritis" in der Hochzeit der neuen Steuerungsmodelle, die auch die Querschnittsfunktionen des Bürgermeisters oder des Rechnungsprüfungsamtes erfasste, ist im neuen Recht nicht mehr vorgesehen: Der Ressourcenverbrauch soll dort nachgewiesen werden, wo er entsteht. Keinesfalls darf eine Intransparenz dadurch entstehen, dass die internen Leistungsverrechnungen die überwiegenden Aufwendungen ausmachen. Dies ergibt sich sehr eindeutig aus § 4 Abs. 3 GemHVO NRW, wonach sie Teilergebnispläne nach der Systematik des Gesamtergebnisplanes gem. § 2 aufzustellen sind. Und der Gesamtergebnisplan enthält keine Position „interne Leistungsbeziehung".

Das Rechnungsprüfungsamt sollte bei seinen Prüfungen also darauf achten, dass das richtige Ressourcenaufkommen an der richtigen Stelle abgebildet wird.

2.2 Der Ergebnisplan

122   Die Planungskomponenten der Gesamtergebnisrechnung und der Teilergebnisrechnungen heißen Gesamtergebnisplan bzw. Teilergebnisplan. Wie bereits für die Ergebnisrechnung dargestellt, werden auf der Gesamtebene ein Gesamtergebnisplan und auf der Ebene der Mindestgliederung des Haushalts aus Produktbereichen und Produktgruppen Teilergebnispläne aufgestellt. Die Gliederung und die Bezeichnungen der Positionszeilen werden aus der Ergebnisrechnung übernommen. Damit ist die vertikale Gliederung identisch.

Die horizontale Gliederung unterscheidet sich jedoch durch den darzustellenden Zeithorizont. Ausgewiesen werden das Jahresergebnis des Vorvorjahres, der Ansatz des zu planenden Haushaltsjahres, sowie die Planung für mindestens drei dem Haushaltsjahr folgende Jahre.

3. Die Kommunalbilanz

Mittels der Bilanz wird die kommunale Vermögenssituation und die Finanzierung dieses Vermögens dargestellt. *123*

Die Bilanz wird im Gegensatz zur Ergebnisrechnung nicht in Staffelform sondern in Kontoform erstellt. Auf der linken Seite des Kontos (Aktiva) ist das Vermögen abgebildet, auf der rechten Seite (Passiva) die Finanzierung dieses Vermögens. Eine weitere grobe Einteilung der Bilanz differenziert auf der Aktivseite zwischen dem Anlage- und dem Umlaufvermögen, auf der Passivseite zwischen Eigen- und Fremdkapital.

Zum Anlagevermögen gehören die Gegenstände, die bestimmt sind, dauernd dem Geschäftsbetrieb zu dienen. Hierzu gehören insbesondere Grundstücke, Fahrzeuge, Maschinen und Betriebs- und Geschäftsausstattung. Das Umlaufvermögen umfasst dagegen Vermögensgegenstände, die nicht dazu bestimmt sind, dauernd dem Betriebszweck zu dienen. Hierzu gehören Roh-, Hilfs- und Betriebsstoffe, Vorräte, Forderungen, Bank und Kasse.

Die Gliederung der Bilanz entspricht den Vorgaben des Handelsgesetzbuches, sie ist jedoch aufgrund des kommunalspezifischen Vermögens an die kommunalen Bedürfnisse angepasst.

So erfolgt beispielsweise im Bereich des Anlagevermögens eine Unterteilung der bebauten Grundstücke nach der Nutzungsart in Grundstücke mit Tageseinrichtungen, Grundstücke mit Schulen, Grundstücke mit Wohnbauten und Grundstücke mit sonstigen Dienst-, Geschäfts- und anderen Betriebsgebäuden.

Im Umlaufvermögen werden unter anderem die Abgabenforderungen separat ausgewiesen und entsprechend den Definitionen im Kommunalabgabengesetz in Gebühren, Beiträge und Steuern unterteilt. Zum Umlaufvermögen können auch Immobilien gehören, nämlich dann, wenn es für das Objekt eine konkrete Verkaufsabsicht gibt. Grundsätzlich gibt es für kommunale Vermögensgegenstände ein Veräußerungsverbot. Eine Ausnahme liegt dann vor, wenn die Gemeinde sich von dem Vermögensgegenstand trennen will, weil sie ihn auf Dauer nicht mehr benötigt. Das können dann Grundstücke sein, wenn die Gemeinde sie im Rahmen einer kommunalen Baulandpolitik erworben, sie baureif gemacht hat und die danach an Bauwillige veräußern will. Eindeutig dienen die Immobilien nicht mehr der dauernden Aufgabenerfüllung und dürfen somit veräußert werden. Sofern das noch nicht geschehen ist, werden sie als Umlaufvermögen mit dem Veräußerungswert bilanziert. Das RPA hat darauf zu achten – insbesondere bei der Prüfung der 1. Eröffnungsbilanz – dass in der Bilanz die Höhe des Verkaufswertes ausgewiesen wird und nicht etwa bei der 1. Bilanzierung bereits versteckte Rücklagen angelegt werden.

Die erstmals zu erstellende Bilanz ist die Eröffnungsbilanz. Für die Eröffnungsbilanz ist zunächst das gesamte kommunale Vermögen sowie die Schulden zu erfassen und anschließend zu bewerten. Die Erfassung der Vermögensgegenstände und der Schulden erfolgt durch die so genannte Inventur. Die Inventur ist damit eine entweder körperliche (das Zählen, Messen oder Wiegen von Gegenständen) oder buchmäßige (Forderungsbestand, Verbindlichkeiten, Bankguthaben) Bestandsaufnahme, welche im zu erstellenden Inventar dokumentiert wird. Das Inventar stellt mithin eine Auflistung der einzelnen Vermögensgegenstände und Schulden mit den jeweiligen Einzelwerten dar. Diese Werte ergeben dann zusammengefasst zu den auszuweisenden Bilanzpositionen die Eröffnungsbilanz, mit welcher die Kommune in das erste doppische Haushaltsjahr starten wird. Wesentlich ist: bei der Erstinventur gibt es in NRW keine Vereinfachungsverfahren. Inventur ist keine Schätzung und basiert auch nicht auf Annahmen!

Das Eigenkapital der Kommune ergibt sich rechnerisch, indem von der Summe der Aktiva das Fremdkapital (also die Verbindlichkeiten) abgezogen wird. Die Bilanzsumme (Summe aller Werte auf der Aktiv- und Passivseite) muss zwingend auf beiden Seiten der Bilanz gleich sein.

Aussagekräftiger als die absolute Höhe des Eigenkapitals ist die so genannte Eigenkapitalquote. Diese ergibt sich durch folgende Gleichung:

$$\frac{\text{Eigenkapital x 100}}{\sum \text{Eigenkapital + Fremdkapital}}$$

Sollte das kommunale Vermögen ausschließlich über Fremdkapital finanziert sein, würde sich auf der Passivseite der Bilanz kein Eigenkapital ergeben. Vielmehr müsste dann unter Umständen auf der Aktivseite der Bilanz eine Position „Nicht durch Eigenkapital gedeckter Fehlbetrag" ausgewiesen werden, damit die Bilanzsumme in Aktiva und Passiva ausgeglichen ist.

124   Die Problematik bei der Erstellung der Eröffnungsbilanz liegt weniger in der Erfassung der einzelnen Vermögens- und Schuldenwerte als vielmehr in deren Bewertung. Die Bewertung der einzelnen Vermögensgegenstände erfolgt im Neuen Kommunalen Finanzmanagement NRW nach 4 unterschiedlichen Vorschriften:

1. Bei bebauten Grundstücken, die kommunalnutzungsorientiert sind, insbesondere Einrichtungen auf den Gebieten

    Erziehung, Bildung oder Kultur (Schulen, Volkshochschulen, Tageseinrichtungen für Kinder und sonstige Einrichtungen der Jugendhilfe, Bibliotheken, Museen, Ausstellungen, Opern, Theater, Kinos, Bühnen, Orchester, Stadthallen, Begegnungsstätten)

    Sport oder Erholung (Sportanlagen, zoologische und botanische Gärten, Wald-, Park- und Gartenanlagen, Herbergen, Erholungsheime, Bäder, Einrichtungen zur Veranstaltung von Volksfesten)

    Gesundheits- oder Sozialwesen (Krankenhäuser, Bestattungseinrichtungen, Sanatorien, Kurparks, Senioren- und Behindertenheime, Frauenhäuser, soziale und medizinische Beratungsstellen)

und

bei den im Gesetz über den Feuerschutz und die Hilfeleistung vom 10. Februar 1998 (GV. NRW. 1998 S. 122) und im Rettungsgesetz vom 24. November 1992 (GV. NRW. 1992 S. 458) benannten Aufgabenbereichen

sollen die Gebäude anhand des Sachwertverfahrens bewertet werden.

Dabei sind in der Regel die aktuellen Normalherstellungskosten zu Grunde zu legen, sofern nicht ausnahmsweise besser geeignete örtliche Grundlagen für die Wertermittlung verfügbar sind. Insbesondere Gebäude oder wesentliche Gebäudeteile, die in marktvergleichender Weise genutzt werden, können abweichend von Satz 2 anhand des Ertragswertverfahrens bewertet werden. Der Grund und Boden ist mit 25 bis 40 v. H. des aktuellen Wertes des umgebenden erschlossenen Baulandes in der bestehenden örtlichen Lage anzusetzen.

2. Grund und Boden von Infrastrukturvermögen im planungsrechtlichen Innenbereich der Gemeinde ist mit 10 v. H. des nach § 13 Abs. 1 der Verordnung über die Gutachterausschüsse für Grundstückswerte abgeleiteten gebietstypischen Wertes für das Gemeindegebiet für baureifes Land für freistehende Ein- und Zweifamilienhäuser des individuellen Wohnungsbaus in mittlerer Lage anzusetzen. Grund und Boden von Infrastrukturvermögen im planungsrechtlichen Außenbereich ist mit 10 v. H. des Bodenrichtwertes für Ackerland anzusetzen, sofern nicht wegen der umliegenden Grundstücke andere Bodenrichtwerte gelten, mindestens jedoch mit einem Euro pro Quadratmeter anzusetzen.

3. Die Ermittlung der Wertansätze für die Eröffnungsbilanz für alle anderen Bereiche ist auf der Grundlage von vorsichtig geschätzten Zeitwerten durch geeignete Verfahren vorzunehmen.

4. Zum Zwecke der Gebührenkalkulation ermittelte Wertansätze für Vermögensgegenstände können übernommen werden.

Damit ist für die Erstbewertung eine andere Regelung getroffen worden, als sie sich nach HGB ergäbe. Das HGB geht von dem strikten Niederstwertprinzip aus; das neue Haushaltsrecht sieht das ausdrücklich nicht vor.

Anders sieht es aus bei den Vermögensgegenständen, die nach der Aufstellung der 1. Eröffnungsbilanz beschafft werden. Hier greift das Referenzmodell des § 255 HGB, wonach sich die Anschaffungskosten beispielsweise aus dem Anschaffungspreis zuzüglich den Anschaffungsnebenkosten (Verpackungs-, Transport- und Frachtkosten) sowie den nachträglichen Anschaffungskosten und abzüglich Entgeltminderungen (Rabatte, Skonti, Boni) zusammensetzen. Die Herstellungskosten spielen in der kommunalen Praxis, wenn überhaupt, nur eine untergeordnete Rolle und sollen daher vernachlässigt werden.

Für die Bewertung im Rahmen der Eröffnungsbilanzierung ist die Zugrundelegung von Anschaffungs- und Herstellungskosten jedoch unzweckmäßig. Deshalb wurden die Regelungen wie oben beschrieben geschaffen. Bei diesem Wertbegriff handelt es sich um einen fiktiven Begriff. Der vorsichtig geschätzte Zeitwert kann auf verschiedene Weise ermittelt werden.

Zur Ermittlung dieses Zeitwertes können grundsätzlich Verkehrswerte, Wiederbeschaffungszeitwerte oder aber auch Versicherungswerte bzw. Gutachten und Expertisen herangezogen werden. Welcher dieser Wertbegriffe im Einzelfall herangezogen wird, ist abhängig vom zu bewertenden Vermögensgegenstand. Sinnvoll erscheint in diesem Zusammenhang auch die Möglichkeit, dort wo es angebracht ist, Vereinfachungsregeln aufzustellen.

125   Die Eröffnungsbilanz muss geprüft und die Richtigkeit der Werte testiert werden. Diese Aufgabe übernehmen in der Privatwirtschaft Wirtschaftprüfungsgesellschaften. Für die Kommunalverwaltung ist dies eine natürliche Aufgabe für die Rechnungsprüfungsämter. Einzelheiten hierzu werden ab Rand-Nr. 128 erläutert.

Ausgehend von der Eröffnungsbilanz werden die Veränderungen, die sich auf die Aktiv- bzw. Passivpositionen der Bilanz beziehen, im laufenden Haushaltsjahr auf den entsprechenden Bestandskonten gebucht. Diese Bestandskonten werden zum Jahresende (31. 12.) abgeschlossen und die sich ergebenden Salden werden in die zum 31. 12. des Jahres zu erstellende Schlussbilanz übernommen. Hierbei ist im Rahmen der Jahresabschlussarbeiten zu überprüfen, ob die Werthaltigkeit der einzelnen Vermögensgegenstände noch gegeben ist. Dies bedeutet, dass beispielsweise für abnutzbare Vermögensgegenstände Abschreibungsaufwand zu ermitteln und zu buchen ist. Auch die Werthaltigkeit von Forderungen ist zu überprüfen und ggf. durch Wertberichtigung zu korrigieren.

Auch diese Wertberichtigungen sind zu überprüfen und die Richtigkeit der in der Schlussbilanz ausgewiesenen Werte zu bescheinigen. Auch hier könnte man sich vorstellen, dass diese Aufgabe künftig von den Rechnungsprüfungsämtern übernommen wird.

4. Aufgabe der Finanzrechnung

126   Die Finanzrechnung ist neben der Ergebnisrechnung und der Bilanz die dritte Komponente des Neuen Kommunalen Finanzmanagements. Zusammen mit dem Anhang und dem Lagebericht bilden diese Komponenten den Jahresabschluss. Der kaufmännische Jahresabschluss entspricht in seiner Funktion der kameralen Jahresrechnung. Im Rahmen des Jahresabschlusses wird ermittelt, wie erfolgreich die Kommune im zurückliegenden Haushaltsjahr gewirtschaftet hat.

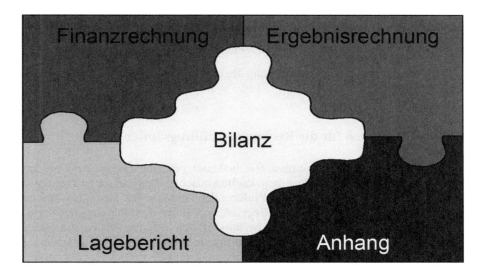

Die Finanzrechnung hat die Aufgabe, die im Haushaltsjahr anfallenden Zahlungsströme, also die Aus- und Einzahlungen, abzubilden.

Wie die Ergebnisrechnung, so ist auch die Finanzrechnung in Staffelform aufgebaut. Sie stellt den einzelnen Einzahlungsarten die Auszahlungsarten gegenüber und ermittelt auf diese Weise den Liquiditätssaldo, d. h. den Zahlungsmittelüberschuss bzw. -bedarf.

Die Erfassung der Zahlungsströme erfolgt über entsprechende Finanzrechnungskonten, die unmittelbar im Wege der doppelten Buchführung bebucht werden. Die entsprechenden Konten sind in den Kontenklassen 7 (Einzahlungen) und 8 (Auszahlungen) des Kontenrahmens für Kommunen (KR-K) enthalten.

Über die Planungskomponente der Finanzrechnung werden die investiven Ein- und Auszahlungen ermächtigt. Hierzu ein einfaches Beispiel: Eine Kommune beabsichtigt, einen neuen Dienstwagen zu beschaffen. Die Anschaffungskosten betragen 50.000 €. Bei einer jährlichen Laufleistung von 50.000 Kilometern wird die Nutzungsdauer mit 5 Jahren angenommen.

Dieser Dienstwagen unterliegt einem Werteverzehr. Der Ressourcenverbrauch würde auf das Haushaltsjahr bezogen ermittelt. Bei einer Anschaffung im 1. Halbjahr würde der Ressourcenverbrauch im Jahr der Anschaffung 10.000 € betragen. Die Ermächtigung zum Ressourcenverbrauch in dieser Höhe ist über den Ergebnisplan (Teilergebnisplan) gegeben. Im Rahmen des Jahresabschlusses würde dieser Ressourcenverbrauch über die Ergebnisrechnung das Ergebnis des Haushaltsjahres um 10.000 € Abschreibungsaufwand verschlechtern.

Die Ermächtigung zum Ressourcenverbrauch reicht jedoch im vorliegenden Fall nicht aus, um auch den Händler zu bezahlen, da im vorliegenden Fall Aufwand und Ausgabe wertmäßig auseinanderfallen. Zwecks Bezahlung benötigt die Kommune noch eine Ermächtigung, 50.000 € im Haushaltsjahr auszahlen zu dürfen. Diese Ermächtigung wird über den Finanzplan (Teilfinanzplan) erteilt.

Im Übrigen stellt die Finanzrechnung die erforderlichen finanzstatistischen Abfrageinhalte bereit.

5. Neue Aufgaben für die Rechnungsprüfungsämter

127   Die Änderung des Rechnungsstoffes bedeutet zunächst einmal, dass die kamerale Jahresrechnung durch einen kaufmännischen Jahresabschluss abgelöst wird. Insofern könnte die künftige Prüfung des kommunalen Jahresabschlusses – in Anlehnung an die bestehenden Regelungen – durch die Rechnungsprüfungsämter erfolgen. Angesichts der Tatsache, dass aus den laufenden Prüfungen heraus Erkenntnisse gewonnen werden, die auch für die Prüfung des Jahresabschlusses wichtig sind, wird die Prüfung durch das Rechnungsprüfungsamt geradezu gefordert.

Theoretisch wäre auch eine Beauftragung eines Wirtschaftsprüfers mit der Aufgabe denkbar, da dieser Berufsstand auch die Bilanzen kommunaler Eigengesellschaften und -betriebe prüft. Die Prüfung einer kommunalen Bilanz setzt aber nicht nur Kenntnisse des Handels- und Bilanzrechts, sondern auch des gesamten von einer Kommune anzuwendenden Rechts voraus. Ob z. B. die Forderungen aus Unterhaltsleistungen, die vom Sozialamt geltend gemacht werden, richtig bilanziert werden, kann nur beurteilen, wer auch das SGB XII kennt.

Darüber hinaus wird es im Rahmen der Erstellung der Eröffnungsbilanzen notwendig sein, die Werte überprüfen und testieren zu lassen. Auch diese Aufgabe kommt auf die Rechnungsprüfungsämter zu.

6. Prüfung der 1. Eröffnungsbilanz

128   Im Zusammenhang mit der Einführung des doppischen Systems in der Kommunalverwaltung obliegt dem Rechnungsprüfungsamt eine einmalige Aufgabe, die aber für die künftige Haushaltswirtschaft von besonderer Bedeutung ist: die Prüfung der 1. Eröffnungsbilanz.

In der Prüfung von Bilanzen haben Wirtschaftsprüfer gegenüber kommunalen Rechnungsprüfungsämtern einen erheblichen Vorteil: es stellt für sie die ständige Praxis dar. Bei der Wahrnehmung ihrer Aufgabe stehen die Wirtschaftsprüfungsgesellschaften unter dem Druck, innerhalb kürzester Zeit für viele Klienten ein Testat erstellen zu müssen. Um diese Aufgabe ordnungsgemäß erfüllen zu können, sind sie gezwungen, in der Prüfung strukturiert vorzugehen. Daraus ergibt sich die Konsequenz, einen Prüfplan zu erstellen und hierbei das Risiko für die

Prüfung zu berücksichtigen. Angesichts der Bilanzskandale in der vergangenen Jahre, die auch Skandale der Wirtschaftsprüfungsgesellschaften waren, und der Haftungsbestimmungen des § 323 Abs. 1 S. 3 HGB sind die Wirtschaftsprüfer gezwungen, nicht nur die Planung, sondern auch die Durchführung der Prüfung umfassend und vollständig zu dokumentieren. Hierbei ist es notwendig, strukturiert vorzugehen.

6.1 Informationen sammeln

Hier geht es darum, dass Wirtschaftsprüfern verpflichtet sind, sich einen Überblick über das Unternehmen zu verschaffen. Dazu gehört es, die Geschäftsberichte der vergangenen Jahre, die Satzung oder den Gesellschaftsvertrag, interne Dienstvorschriften pp. zu besorgen und diese auch auszuwerten. Kommunale Rechnungsprüfungsämtern stehen nicht vor dieser Aufgabe, weil sie aufgrund der langjährigen Praxis der Prüfung des kameralen Jahresabschlusses naturgemäß die von ihnen zu prüfende Behörde kennen. Soweit Inventurrichtlinien, Dienstanweisungen oder Bewertungsvorschriften vom Bürgermeister erlassen worden sind, ist davon auszugehen, dass sie sich vorher dazu gutachterlich geäußert haben. Infolgedessen dürfte das Beschaffen von Informationen für die kommunalen Rechnungsprüfungsämter keine besondere Aufgabe darstellen.

129

6.2 Risiken schätzen, das Umfeld analysieren

Auch hier müssen die Wirtschaftsprüfer sich innerhalb eines kurzen Zeitraums einen Einblick verschaffen, insbesondere dann, wenn sie erstmalig mit dem Geprüften zu tun haben. Unabhängig davon, dass die Rechnungsprüfungsämter auch hier einen Vorteil haben, sollten sie dennoch die Risikoabschätzung durchführen, um den Umfang und die Zielrichtung der Prüfung im Vorfeld genau festzulegen.

130

Eine der wesentlichsten Analysen ist es, zu prüfen, ob ein internes Kontrollsystem für die Aufstellung der 1. Eröffnungsbilanz bestanden hat. Sollte diese Frage bejaht werden, muss sich der Prüfer weiter damit beschäftigen, ob er sich auf das interne Kontrollsystem verlassen kann. Daraus folgt im Weiteren die Beantwortung der Frage, was sich der Prüfer alles besorgen muss, um zu einem eigenständigen und vor allen Dingen sachgerechten Urteil zu kommen.

Zur Analyse des Umfeld des gehört auch, die Qualifikation der mit der Erstellung der Bilanz beschäftigten Mitarbeiter und auch die Qualifikation der Führungskräfte zu beurteilen. Dies ist eine Bewertungsfrage, die der Prüfer nach pflichtgemäßen Ermessen zu beantworten hat. Hierbei wird er sich auch von den Erfahrungen der Vergangenheit leiten lassen müssen. Sollte er auch im Zusammenhang mit dem kameralen Haushalt die Entscheidungsschwäche und mangelnde Fachkenntnis des Kämmerers beklagt haben, darf er davon ausgehen, dass das

Risiko im Zusammenhang mit der Prüfung der ersten Eröffnungsbilanz auch groß ist. Welche Folgen das für den Umfang der Prüfung hat, wird weiter unten erläutert.

6.3 Festlegung von Wesentlichkeitsgrenzen

131   Die Bilanz soll nach den Bestimmungen des Gemeindehaushaltsrechts einen Überblick über die Lage der Gemeinde verschaffen und geht davon aus, dass die wesentlichen Sachverhalte entweder direkt der Bilanz entnommen werden können oder im Anhang zur Bilanz erläutert werden. Hierbei stellt sich für das Rechnungsprüfungsamt die Frage, wo es die Grenze für die Wesentlichkeit zieht. Die vom Rechnungsprüfungsamt festgelegte Grenze kann dabei durchaus von der Grenze abweichen, die der Bürgermeister und der Kämmerer festgelegt haben. Für jede Gemeinde wird diese Grenze anders gezogen werden müssen; dem Rechnungsprüfungsamt kann empfohlen werden, sich an Festlegungen für Erheblichkeiten nach kameralem Recht zu orientieren. Ob es hierbei die Grenze für die Zuständigkeit des Rates bei Haushaltsüberschreitungen oder die Grenze für das Aufstellen einer Nachtragsatzung ist, ist in das pflichtgemäße Ermessen des Rechnungsprüfungsamtes gestellt. Und wenn das Rechnungsprüfungsamt als Erheblichkeitsgrenze die für öffentliche Ausschreibungen nach VOB oder VOL ansetzt, wird dies auch nicht verworfen werden können. Bei der Festlegung der Wesentlichkeitsgrenze kommt es darauf an, dass das Rechnungsprüfungsamt sie festlegt, dokumentiert und sich dann bei der Prüfung von ihr leiten lässt.

6.4 Analytische Prüfungshandlungen oder Einzelfallprüfung?

132   Gerade die Eröffnungsbilanz ist für die Kommunalwirtschaft der kommenden Jahre von erheblicher strategischer Bedeutung, weil hier bereits die Stellschrauben für die Rechtmäßigkeit (= Ausgeglichenheit) der kommenden Haushalte bedient werden können. Das Rechnungsprüfungsamt muss wissen,

1. welche Möglichkeiten der Kämmerer hat, um Bilanzpolitik zu betreiben und

2. wo irrtümlich falsche oder auch keine Angaben in der Eröffnungsbilanz gemacht werden können.

Zu Nr. 1: Redet man von Bilanzpolitik, geht man in erster Linie davon aus, dass bestimmte Bilanzierungswahlrechte genutzt werden. Der Kaufmann nutzt sie, wenn er seinen Gewinn und seine Steuerzahlungen beeinflussen will. So wird er zu möglichst kurzen Abschreibungsdauern greifen, wenn er den Gewinnausweis reduzieren will – und umgekehrt. Daneben gibt es die Möglichkeit der Bilanzpolitik außerhalb der Bilanz: das, was nicht ausgewiesen wird, wird vom Prüfer nicht gesehen und auch nicht beurteilt. Daneben gibt es die Möglichkeit, bestimmte Sachverhalte nicht auszuweisen und dies im Anhang zu erläutern. So hat die Stadt Salzgitter in ihrer Eröffnungsbilanz ein negatives Eigenkapital im einstelligen Millionenbereich ausgewiesen und dabei die Pensionsrückstellungen nicht passiviert sondern lediglich als Verbindlichkeit im Anhang erläutert.

Andererseits ist es denkbar, für vorgezogene Pensionszusagen (etwa als Folge des Altersteilzeitgesetzes) höhere Rückstellungen zu passivieren, um das Bild schlechter aussehen zu lassen, als es tatsächlich ist. Für die Prüfung kommt es hier darauf an, ungewöhnlich Entscheidungen festzustellen und zu hinterfragen. Dabei muss das Rechnungsprüfungsamt eine gestalterische Entscheidung dann akzeptieren, wenn der Sachverhalt im Anhang erläutert wird. Ziel ist es nämlich, Transparenz über die tatsächliche Lage der Gemeinde zu verschaffen; ob diese unmittelbar in der Bilanz oder aufgrund zulässiger Gestaltung im Anhang erfolgt, ist von geringerer Bedeutung.

Gestaltung kann auch bei scheinbar nur formalen Entscheidungen verborgen sein. So hat die Frage, ob ein Vermögensgegenstand zum Anlage- oder zum Umlaufvermögen gehört, auf den 1. Blick keinen materiellen Hintergrund. So stellt ein Gebäude Anlagevermögen dar, soll es verkauft werden, ist es Umlaufvermögen. Handelt es sich bei dem Objekt um eins, das nachlässig unterhalten wurde und bei dem ein erheblicher Reparaturstau besteht, ist es als Umlaufvermögen gem. § 36 Abs. 7 GemHVO NRW (Leitvorschrift: 253 Abs. 3 HGB) mit einem niedrigeren Wert anzusetzen. Für die Prüfung ist wesentlich, ob die Verkaufsentscheidung vor oder nach dem Bilanzstichtag getroffen wird.

Zu Nr. 2: Im Rahmen der Vorbereitung der 1. Eröffnungsbilanz wurde von einer *133* Kämmerei behauptet, die geleasten PC müssten nicht als Aktiva bilanziert werden. Die Verpflichtungen aus den Leasing-Verträgen seien aber sehr wohl zu passivieren. Auf die Frage, wie denn der Ausgleich in der Bilanz erreicht werden könne, wurde allen Ernstes behauptet, dass doch genügend andere Aktiv-Posten zur Verfügung stünden und das doch nicht auffiele. Auch konnte dann nicht erläutert werden, wie die Verpflichtungen über die Jahre aufgelöst werden könnten.

Wenn Mitarbeiter von umfangreicher Nichtkenntnis umgeben sind, wird das Rechnungsprüfungsamt sich nicht mit dieser Tatsache zufrieden geben können, sondern muss bei seiner Prüfung intensiv vorgehen: Je schlechter die Qualität der Mitarbeiter, desto stärker schlägt das Pendel Richtung Einzelfallprüfung aus. Das gilt um so mehr, wenn Vorgesetzte sich ihrer Sache auch nicht sicher sind und ihrer Funktion als Entscheidungsträger nicht gerecht werden. Dann wird die Prüfung sich nur noch auf sich selbst verlassen können. Ansonsten besteht nämlich das Risiko, dass ein positives Prüftestat erteilt wird, obwohl es bei verständiger Prüfung nicht hätte abgegeben werden dürfen. Die Bilanzskandale der letzten Jahre sind auch Wirtschaftsprüferskandale, weil diese bestimmte Sachverhalte nicht gesehen haben oder auch nicht sehen wollten (etwa, weil die Höhe des Honorars vom Gewinn des geprüften Unternehmens abhängig war).

Gerade für die Aufstellung der 1. Eröffnungsbilanz ist eine interne Kontrolle der Inventur, des Inventars und der Bewertung das A und O. Es muss Vorgesetzte geben, die mit Sachverstand und Zeit in der Lage und bereit sind, die Arbeiten ihrer Mitarbeiter zu kontrollieren – also das zu tun, was nach der Philosophie der neuen Steuerung wegen der Stärkung der Eigenverantwortlichkeit der Mitarbeiter zurückgefahren werden sollte. Je intensiver Vorgesetzte ihrer Kontrollfunktion nachkommen (oder einen anderen Mitarbeiter damit beauftragen), desto geringer das Risiko für das Rechnungsprüfungsamt, falsch zu testieren.

Ziel des Rechnungsprüfungsamts sollte sein, im Interesse einer wirkungsvollen Prüfung, mit analytischen Prüfungshandlungen zu einer richtigen Aussage zu kommen.

6.5 Die Vorgehensweise

134 Es wird eine normale Gemeinde angenommen, die kameral seit Jahren mit einem genehmigten Haushaltssicherungskonzept lebt. Rechnerisch wurde der letzte kamerale Haushalt ausgeglichen gestaltet, allerdings nur über eine rechtswidrige Zuführung von Kreditaufnahmen, die – mit Zustimmung der Kommunalaufsicht – als „Mehrerlöse aus Grundstücksverkäufen" deklariert wurde. Gleichzeitig gibt es noch immer „größere bauliche Unterhaltungsmaßnahmen" wie z. B. den Austausch von Fenstern, Heizungsanlagen und Elektroinstallationen oder der großflächigen Reparatur eines Flachdaches, die alle im Vermögenshaushalt nachgewiesen wurden.

Das Rechnungsprüfungsamt wird sich überlegen müssen, wie die Kämmerei bilanzieren will. Vermögen wurde mit der rechtswidrigen Veranschlagung der Unterhaltungsmaßnahmen nicht geschaffen. Allerdings wurden hierfür Kredite aufgenommen, die in der 1. Eröffnungsbilanz als Verbindlichkeit nachgewiesen werden müssen und denen kein Vermögensgegenstand auf der Aktiv-Seite gegenübersteht. Die wirtschaftliche Lage der Gemeinde spielt also eine große Rolle.

Ebenfalls von Bedeutung ist die Qualifikation der Mitarbeiter und der Führungskräfte in der Verwaltung. Hierauf wurde an anderen Stellen schon hingewiesen.

Wesentlich ist auch die Qualität des internen Kontrollsystems. Auch dies wurde an anderer Stelle angesprochen.

Das Rechnungsprüfungsamt kann gerade bei der 1. Eröffnungsbilanz nicht alles prüfen, was die Verwaltung erarbeitet hat. So wird es wichtig sein, Prüfungsziele zu definieren. Hier ist zu unterscheiden zwischen den Zielen, die sich auf die Prüfungshandlung als solche und solchen, die sich auf den Prüfgegenstand beziehen.

Auf die Prüfungshandlung bezogene Ziele können die Effizienz und Effektivität der Prüfung sein, was in diesem Fall bedeutet, mit minimalem Aufwand eine qualitativ hochwertige Aussage zu treffen. Was hochwertig ist, muss jedes

Rechnungsprüfungsamt für sich entscheiden und festlegen. Dabei sollte eine analytische Prüfung Vorrang vor Einzelfallprüfungen haben, was der Zielvorgabe entspricht: Einzelfallprüfungen sind zeitintensiver als analytische Prüfungen. Allerdings stehen kommunale Rechnungsprüfungsämter nicht unter dem Zeitdruck der Wirtschaftsprüfer.

Im nächsten Schritt werden die Risiken geschätzt (vgl. Rand-Nr. 130). Dabei ist von *135*

1. einem sog. innewohnenden Risiko

2. dem Kontrollrisiko und

3. dem Entdeckungsrisiko zu unterscheiden.

Bei dem innewohnenden Risiko geht man davon aus, dass ein internes Kontrollsystem nicht vorhanden ist und damit die Anfälligkeit für einen wesentlichen Fehler besonders groß ist. Dies ist z. B. dann der Fall, wenn eine Gemeinde seit Jahren im nicht genehmigten HSK verwaltet wird und mit der Umstellung auf das neue Haushaltsrecht „Luft" geschaffen wird, um – bis zum nächsten HSK – eigenständig zu wirtschaften. Weitere Risiken bestehen in der bereits genannten Inkompetenz, Überlastung der Mitarbeiter pp.

Da interne Kontrollen das Risiko für einen wesentlichen Fehler vermindern aber nicht gänzlich ausschließen können, spricht man in diesem Zusammenhang von einem Kontrollrisiko. Die Gefahr besteht für das Rechnungsprüfungsamt, das es die internen Kontrollen als wirksam einschätzt obwohl sie es tatsächlich nicht sind. In dem Zusammenhang ist die Dienstanweisung nach § 31 GemHVO NRW zu nennen, die die Regelungen treffen soll, die bisher in der GemKVO enthalten waren (Trennung von Buchhaltung und Zahlungsverkehr, 4-Augen-Prinzip pp.). Und letztendlich ist das Entdeckungsrisiko das Risiko, das trotz vorhandener Kontrollen ein wesentlicher Fehler durch den Prüfer übersehen wird.

An einem konkreten Beispiel soll die Problematik der Risiken erörtert werden: *136*

Im Zuge der Umstellung von der Kameralistik zur doppelten kaufmännischen Buchführung steht eine Gemeinde vor der Aufgabe, ein neues Datenverarbeitungs-Verfahren zu beschaffen. Nach mehreren Auswahlrunden entscheidet sich die Gemeinde für ein ganz bestimmtes Verfahren, das im Beispiel Doppik genannt werden soll. Leider gilt immer noch der Spruch von Messeausstellern auf der CeBIT: „Hardware gekauft wie besichtigt, Software wie versprochen". Während Vorführungen regelmäßig mit positiven Ergebnissen abschließen, stellt sich die Situation im Echteinsatz oftmals anders dar. Daten aus Vorverfahren können nicht eingelesen werden oder werden falsch in der Kasse dargestellt.

Dann hilft es auch nicht weiter, wenn ein Wirtschaftsprüfer oder auch die SAKD in Sachsen die grundsätzliche Einsatzfähigkeit des Programms bestätigt hat. In der Regel hat nämlich die Prüfungsgesellschaft oder die SAKD keine Möglichkeit, die Ordnungsmäßigkeit eines Verfahrens im Zusammenhang der individuellen Hard- und Software zu analysieren. Oftmals liegt aber noch nicht einmal das Prüfungsergebnis einer unabhängigen Prüfungsinstanz vor. Die Verpflichtung, dass der Anwender eigenständig Prüfungen durchzuführen hat, bevor die Freigabe erfolgen darf, wird nicht gesehen. Ob das Verfahren die Geschäftsvorfälle ordungsgemäß abgebildet, weiß keiner, wird aber vom Anbieter behauptet und versprochen.

In dieser Situation hat das Rechnungsprüfungsamt eine Risikoschätzung vorzunehmen. Die 1. Eröffnungsbilanz wurde mit Hilfe des Verfahrens Doppik erstellt. Hier wird das Rechnungsprüfungsamt eine Entscheidung treffen müssen, ob es das Testat unter der Eröffnungsbilanz verweigern muss oder zumindest mit Einschränkungen erteilen kann. Wenn nämlich das Programm nicht geprüft ist, weiß das Rechnungsprüfungsamt auch nicht, ob einmal gemachte Eintragungen nicht wieder gelöscht werden können. Zur Zeit der handschriftlichen Eintragungen auf Papier sprach man in diesem Zusammenhang von „Bleistifteintragungen", die die notwendigen Radierungen bei Bedarf ermöglichten.

Bei den ganzen Neuerungen sollte man als Prüfer aber keine unüberwindlichen Hindernisse sehen. Erst jüngst musste der Wechsel vom BSHG zum SGB XII prüfungsmäßig begleitet werden, die Prüfung der richtigen Eingruppierung in den neuen TVöD ist bei Redaktionsschluss dieses Leitfadens noch nicht abgeschlossen. Und nicht zu vergessen ist, dass NKF nicht nur die Abkürzung für Neues Kommunales Finanzwesen ist, sondern auch bedeutet

Nur keine Furcht.

Anhänge

Anhang 1: Schematische Darstellung der Prüfung der Zulässigkeit der Kreditfinanzierung des Vermögenshaushalts

	Sachverhalt	Betrag im Plan	Betrag im Ergebnis
1	Für Investitionen, Investitions-		
2	förderungsmaßnahmen und Umschuldungen		
3	(Gr. 92 – 96, 98, UGr. 978, 991)		
4	sind geplant/realisiert	_____	_____
5			
6	Dem standen Einnahmen gem.		
7	§ 1 I Nr. 2-4 GemHVO (Gr. 31-36)		
8	in Höhe von ... gegenüber	_____	_____
9			
10	und der Teil der Zuführung vom		
11	VwHH gem. § 1 I Nr. 1 GemHVO (Gr. 30)		
12	zur Verfügung, der nicht gem.		
13	§ 22 GemHVO zur Deckung des Disagios		
14	und der ordentlichen Tilgung (Gr. 97)		
15	dient	_____	_____
16			
17	Damit durften Kredite i. H. v.	_____	_____
18	geplant/aufgenommen werden; tatsächlich		
19	lag die Kreditermächtigung/Aufnahme		
20	einschl. Umschuldungen bei	_____	_____
21			
22	Damit lag die Ermächtigung/das Er-		
23	gebnis um	_____	_____
24	über ( )/unter dem zulässigen		
25	Betrag		
26			
27			
28	**Daten aus d. Haushaltsplan/Rechnung**		
29			
30	UGr 925, Darl. an	_____	
31	UGr 927 – 929, übrige Bereiche	_____	_____
32	UGr 930 – 931, Verm.Erwerb, Beteil.	_____	_____
33	UGr 932 – 934, Grundstücke	_____	_____
34	UGr 935 – 939, Bewegliche Sachen	_____	_____
35	Gr 94 – 96, Baumaßnahmen	_____	_____
36	UGr 978, Umschuldungen	_____	_____
37	Gr 98, Zuweisungen, Zuschüsse,		
38	980, Bund	_____	_____
39	981, Land	_____	_____

40	982, Gemeinden	————	————
41	983, Zweckverbände	————	————
42	985, wirtschaftliche Unternehmen	————	————
43	986, private Unternehmen	————	————
44	987 – 989, übrige Bereiche	————	————
45			
46	Summe, Übertrag nach Zeile 4	————	————
47			
48	Gr 31, Entnahme Rücklage	————	————
49	./. Weiterleitung an VwHH	————	————
50	zur Finanzierung des VmHH	————	————
51	UGr 325 – 329, Darlehnsrückflüsse	————	————
52	UGr 340, Veräußerung Grundstücke	————	————
53	UGr 341 – 344, Sonstige	————	————
54	UGr 345, Veräußerung bew. Sachen	————	————
55	Gr 35, Beiträge u. ä.	————	————
56	UGr 361, Zuweisungen Land	————	————
57	UGr 362, dto., Gemeinden, GV	————	————
58	UGr 363, dto., Zweckverbände	————	————
59	UGr 365 – 369, dto., Unternehmer u. ä.	————	————
60			
61	Summe, Übertrag nach Zeile 8	————	————
62			
63	Gr 30, Zuführungen	————	————
64	UGr 971, Tilgung Land	————	————
65	UGr 977, Tilgung Kreditmarkt	————	————
66			
67	Differenz, Übertrag nach Zeile 15	————	————

Erläuterung:

Vorstehendes Schema kann auf ein beliebiges Kalkulationsprogramm übertragen und auf einem PC gerechnet werden. Zur Durchführung der Rechenoperationen sind entsprechende Befehle – unter Berücksichtigung der Befehlsstruktur des verwendeten Verfahrens – einzugeben.

Die Befehle lauten:

In Zeile 4	= Zeile 46
in Zeile 8	= Zeile 61
in Zeile 15	= Zeile 67
in Zeile 17	= Zeile 4 ./. Zeile 8 ./. Zeile 14
in Zeile 24	= Zeile 17 ./. Zeile 20
in Zeile 46	= Summe Zeile 30 bis 44
in Zeile 61	= Summe Zeile 50 bis 59
in Zeile 67	= Zeile 63 ./. Zeile 64 ./. Zeile 65

In Zeile 20 wird der Betrag aus § 2 der Haushaltssatzung bzw. der tatsächlich aufgenommene Kreditbetrag, wie er sich aus der Jahresrechnung ergibt, eingetragen.

Damit sind die Grundvoraussetzungen für die Prüfung geschaffen. In einem weiteren Schritt werden die Daten ab Zeile 30 aus der Gruppierungsübersicht der Planung bzw. der Rechnung übertragen. Sind die Befehle richtig eingegeben, erfolgt die Prüfung „automatisch". Das Prüfungsergebnis spiegelt sich in Zeile 24 wieder. Beträge dürfen dort nicht enthalten sein, der ausgewiesene Wert muss entweder „0,00 €" oder auf einen positiven Betrag lauten. Wird ein negativer Betrag ausgewiesen, ist die Kreditermächtigung/Realisation in unzulässiger Höhe erfolgt.

Mit dem Schema wird überprüft, ob die Kreditermächtigung bzw. -aufnahme in rechtlich einwandfreier Höhe erfolgte. Die Planungsdaten sind in der Regel von der Aufsichtsbehörde im Rahmen der Genehmigung des § 2 der Haushaltssatzung zu prüfen. Regelmäßig ergeben sich hier keine zu beanstandenden Festsetzungen.

Sollte jedoch die Aufsichtsbehörde § 2 der Haushaltssatzung genehmigt haben, obwohl Zeile 24 einen positiven Betrag ausweist, wäre die Genehmigung ebenso rechtswidrig wie die Festsetzung und im Rahmen der Prüfung der Jahresrechnung vom Rechnungsprüfungsamt zu beanstanden.

Bei der Rechnungslegung sind positive Beträge in Zeile 24 dann möglich, wenn während der Haushaltsausführung nicht beachtet wurde, dass Kredite u.a. nur dann im Vermögenshaushalt aufgenommen werden dürfen, wenn ein gegenwärtiger Finanzierungsbedarf im Vermögenshaushalt vorliegt.

Anhang 2: Prüfungsschema für die Zulässigkeit der Aufnahme von Krediten aus HER

Ermittlung des gegenwärtigen Bedarfs zur Kreditaufnahme aus der Ermächtigung des vergangenen Jahres (HER) per _____

A. Ausgangsdaten

a. Ausgabenseite _____
Haushaltsausgaberest _____
HAR a.V. _____
Summe 1 _____

b. Einnahmeseite
Bestand/Vorschuss (-) gemäß kassenmäßigem Abschluss _____
KER _____
HER _____
Summe 2 _____
Summe 1 ./. Summe 2 _____

B. Abwicklung

AOS auf HAR/HAR a.V. _____
gedeckt durch Bestand ./. _____
oder erhöht Vorschuss + _____
realisierte KER ./. _____
Abgang auf KER + _____
Geldmäßige Unterdeckung _____
kurzfristig realisierbare offene Forderungen (KER) _____
Unterdeckung/Überdeckung _____

C. Ergebnis

Damit besteht zum gegenwärtigen Zeitpunkt – kein – Bedarf, den HER mit _____ € zu realisieren.

Anhang 3:   Prüfungsschema für die Zulässigkeit der Aufnahme von Krediten aus der Ermächtigung des laufenden Haushaltsjahres

Ermittlung des gegenwärtigen Bedarfs zur Kreditaufnahme aus der Ermächtigung des lfd. Jahres per _____

1. Bestand/Vorschuss (-) des VmHH   _____

2. Die Mindestzuführung des gesamten Jahres
    (   ) ist gebucht und in Zeile 1 enthalten
    (   ) ist noch mit   _____
    zu buchen

3. Die „freie Spitze" ist noch mit   _____
    zu buchen

4. Neuer Bestand/Vorschuss (-)   _____

5. Von den Fachämtern angemeldete Zah-
    lungen für die nächsten 8 Wochen   _____

6. Einnahmen des VmHH in den nächsten
    8 Wochen (insbesondere die lt. Haushalts-
    plan geplante Rücklagenentnahmen – sofern
    noch nicht gebucht –)   _____

7. Bestand/Vorschuss (-)   _____

8. Ergebnis
    Es besteht
    (   ) kein gegenwärtiger Bedarf
    (   ) ein gegenwärtiger Bedarf in Höhe von   _____

Anhang 4: Prüfplan für Vergaben im VOL-,VOB- und VOF-Bereich

Lfd. Nr.	Prüfungsplan/-katalog/kriterien	Vorschriften Anmerkungen
	I. Planungsverträge	
1	Liegen die haushaltsmäßigen Voraussetzungen für eine Vergabe vor, sind entsprechende Haushaltsmittel im Vermögenshaushalt vorhanden?	§ 10 GemHVO,
2	War ein Vergabeverfahren wegen Überschreitung der Kosten von 200.000 Euro notwendig und ist es durchgeführt worden?	§ 5 VOF
3	Ist unterhalb der Schwellenwerte ein Wettbewerb nach haushaltsrechtlichen Vorschriften durchgeführt worden?	§ 31 GemHVO
4	Wird ein Vertrag auf Grundlage der HOAI abgeschlossen?	
5	Sind eigene Musterverträge vorhanden?	
6	Wurden diese oder ggf. überörtliche Musterverträge verwendet?	
7	Wurden Abweichungen von Musterverträgen begründet?	
8	Wurde geprüft, ob die Planungsleistung nicht vom Fachamt selbst erbracht werden konnte?	Wirtschaftlichkeitsgebot
9	Bei Hochbauten: Ist ein Raum- und Funktionsprogramm vorhanden?	
10	Ist eine Pauschalierung des Honorars zulässig und zweckmäßig?	
11	Wird oder wurde die Zustimmung der politischen Gremien eingeholt?	städt. Zuständigkeitsordnung
12	Ist § 41 (1) lit. r GO NRW (Verträge mit Ratsmitgliedern) beachtet worden?	
13	Empfiehlt sich zunächst eine Teilbeauftragung?	
	II. Verträge über Planungen für Gebäude und Freianlagen	
14	Liegen Vergleichsangebote vor?	
15	Fand ein Preiswettbewerb über Nebenkosten u. ggf. Umbauzuschlag statt?	§§ 5 und 20 VOF
16	Fand ein Leistungswettbewerb statt?	
17	Wurden die anrechenbaren Kosten richtig ermittelt?	
18	Sind die vereinbarten Honorarzonen zutreffend (eindeutig oder durch Punktverfahren)?	HOAI
19	Liegt ein Ausnahmefall des § 4 (2) HOAI vor?	
20	Lässt die Mitwirkung städtischer Dienststellen eine Minderung bei den Leistungsphasen zu?	§ 5 HOAI

21	Wurde der Mindestsatz vereinbart?	
22	Wie sind die „Besonderen Leistungen" bewertet worden (Notwendigkeit und Höhe der Vergütung)?	
23	Ist eine Vergütung nach Stunden angebracht und ist die kalkulierte Menge angemessen?	
24	Wurden die Stundensätze richtig festgelegt?	§ 6 HOAI
25	Ist die Höhe der Nebenkosten angemessen?	§ 7 HOAI
26	Ist bei verschiedenen Leistungen an einem Gebäude eine etwaige Minderung der Leistung honorarmäßig berücksichtigt worden?	§ 23 HOAI
27	Ist der Zuschlag für Umbauten und Modernisierung angemessen?	§ 24 HOAI
28	Ist eine Abzugsregelung bei Einschaltung von Sonderfachleuten vorgesehen?	§ 10 (4) HOAI
29	Bestehen aus den Erfahrungen der Prüfpraxis Bedenken gegen die Qualifikation des vorgeschlagenen Architekten?	§§ 4 (1) und 13 VOF

III. Übrige Vergaben

30	Wurde die richtige und gültige Verdingungsordnung angewandt? Bei der Wahl der Verdingungsordnung ist z. B. das Vergabehandbuch NRW zu § 1 zu beachten	§§ 1 VOB/A, 1 VOL/A, 1 VOF
31	Ist die Vergabeart (öffentliche oder beschränkte Ausschreibung, freihändige Vergabe, Verhandlungsverfahren) richtig gewählt?	§§ 3 VOB/A, 3 VOL/A, § 5 VOF, 31 GemHVO, städt. Vergabericht-linien
32	Ist EU-Recht beachtet worden?	„a" Paragraphen in VOB und VOL, VOF
33	Ist eine Vergabe nach Losen möglich und wirtschaftlich?	§§ 4 Nr. 2 VOB/A, 5 VOL/A
34	Ist ein Leistungsvertrag, Stundenlohnvertrag, Selbstkostenerstattungsvertrag vereinbart und sind die Voraussetzung hierfür erfüllt?	§ 5 VOB/A,
35	War bei der beschränkten Ausschreibung die Bieterauswahl sachgerecht (fachkundige, leistungsfähige und zuverlässige Bewerber) und wurden auch auswärtige Bewerber angemessen berücksichtigt?	§§ 2, 8 VOB/A, ähnlich: § 4 VOF
36	Sind im Leistungsverzeichnis alle für die (Bau-)maßnahme erforderlichen Arbeiten und Lieferungen erfasst?	§§ 9 VOB/A, 8 VOL/A

37	Wurde herstellerneutral ausgeschrieben? Lassen sich aus der Detailliertheit der Leistungsbeschreibung gewünschte Produkte ablesen?	
38	Wurden Artikelbezeichnungen nur ausnahmsweise angegeben und wurden gleichwertige Alternativen zugelassen?	§§ 9 Nr. 5 (1) VOB/A, 8 VOL/A
39	Sind bei der Leistungsbeschreibung die verkehrsüblichen Bezeichnungen benutzt worden?	§ 9 Nr. 4 VOB/A
40	Sind die Leistungen (Arbeiten und Lieferungen) so klar und eindeutig beschrieben, dass alle Bieter auf gleicher Informationsbasis die geforderten Ausführungen kalkulieren können?	§§ 9 VOB/A, 8 VOL/A
41	Sind die Ausschreibungstexte eindeutig, vollständig und fachtechnisch richtig (Standardleistungsbuch)?	§§ 9 VOB/A, 8 VOL/A
42	Sind die Vergabeunterlagen vollständig?	§§ 10 VOB/A
43	Sind Ausführungsfristen festgesetzt und sind sie ausreichend bemessen?	§§ 11 VOB/A, 11 VOL/A
44	Liegt bei größeren Bauvorhaben ein Bauzeitenplan vor, sind die Ausführungszeiten wirtschaftlich auf die übrigen Gewerke abgestimmt und sind die wichtigen Einzelfristen im Vertrag bestimmt?	§ 10 GemHVO § 11 VOB/A
45	Liegen die Voraussetzungen für eine Vertragsstrafe vor? Ist sie angemessen?	§§ 12 Nr. 1 VOB/A, 12 VOL/A
46	Ist die Vereinbarung einer Beschleunigungsvergütung angebracht?	§ 12 Nr. 2 VOB/A
47	Ist die Gewährleistung eindeutig geregelt?	§§ 13 VOB/A, 13 VOL/A
48	Sind Sicherheiten für die Vertragserfüllung und Gewährleistung vereinbart? Sind die Vereinbarungen notwendig?	§§ 14 VOB/A,
49	Sind die Bekanntmachungsbestimmungen bei der öffentlichen Ausschreibung beachtet?	§§ 17 VOB/A 17 VOL/A
50	Sind die Grenzen für eine EU-weite Ausschreibung erreicht?	§ 1a VOB/A § 1a VOL/A § 2 (2) VOF
51	Sind die Fristen für die Bearbeitung und Einreichung der Angebote ausreichend bemessen?	§§ 18 VOB/A 18 VOL/A, 14 VOF
52	Sind Zuschlagsfristen einzuhalten? Ist die Zuschlagsfrist nicht zu lange bemessen?	§§ 19 VOB/A 19 VOL/A
53	Entsprechen die Angebote den Anforderungen der §§ 21 VOB/A und VOL/A?	
54	Sind die Angebote vollständig und mit rechtsverbindlicher Unterschrift der Bieter versehen?	§ 21 VOB/A § 21 VOL/A

55	Sind die städt. Vertragsbedingungen anerkannt worden?	
56	Hat ein Bieter ein selbst gefertigtes Leistungsverzeichnis (ADV) genutzt? Hat er die alleinige Verbindlichkeit der städt. Urfassung anerkannt?	§ 21 Nr. 1 (3) VOB/A
57	Liegen Nebenangebote vor?	§ 21 Nr. 3 VOB/A
58	Hat ein Submissionstermin stattgefunden, bei dem die ungeöffneten Angebote vorlagen, und ist eine Niederschrift über die Verdingungsverhandlung gefertigt?	§ 22 VOB/A § 22 VOL/A
59	Wurden die Angebote unveränderlich gekennzeichnet? Haben Bieter an der Verhandlung teilgenommen?	
60	Wurde der Submissionstermin eingehalten?	
61	Wurde bei der Verhandlung darauf hingewiesen, dass Nebenangebote vorliegen?	§ 22 Nr. 3 (2) VOB/A
62	Wurden verspätet eingegangene Angebote vermerkt? Sind diese Angebote verschlossen geblieben?	§ 22 Nr. 5 (2) VOB/A
63	Sind die Angebote rechnerisch, technisch und wirtschaftlich geprüft worden? Ist die rechnerische Prüfung richtig vorgenommen worden?	§§ 23 Nr. 2 VOB/A, 23 VOL/A
64	Sind die Feststellungsvermerke des Fachamtes auf allen Angeboten vorhanden?	
65	Wurde bei den rechnerischen Korrekturen die Rechenregel beachtet?	§ 23 Nr. 3 VOB/A
66	Wurden die Bestimmungen über Verhandlungen mit Bietern beachtet?	§§ 24 VOB/A 24 VOL/A
67	Müssen Angebote ausgeschlossen werden?	§§ 25 VOB/A 25 VOL/A
68	Wurden Nebenangebote ausgewertet? Soll von Alternativangeboten Gebrauch gemacht werden?	§§ 25 Nr. 4 VOB/A; 25 Nr. 7 VOL/A
69	Sind die Preise angemessen?	§ 25 Nr. 3 (1) VOB/A
70	Sind bei der Angebotsauswertung die Stundenlohnarbeiten nur als Einheitspreis berücksichtigt worden?	
71	Ist, sofern eine Lohngleitklausel vereinbart wurde, diese plausibel?	
72	Hat die Lohngleitklausel dem Wettbewerb unterlegen?	
73	Besteht – in Ausnahmefällen – eine Stoffpreisgleitklausel, und sind die Regelungen eindeutig?	
74	Ist die Bonität des Mindestfordernden geprüft worden?	
75	Liegen die Unbedenklichkeitsbescheinigungen des Finanzamtes und der AOK vor?	
76	Ist die Ausschreibung aufzuheben und liegen die Voraussetzungen hierfür vor?	§§ 26 VOB/A 26 VOL A

77	Liegt das Ausschreibungsergebnis im Rahmen der vorhandenen Haushaltsmittel? Stimmt das Ergebnis mit dem Kostenanschlag überein?	§ 10 GemHVO
78	Erfolgt die Vergabe an den Mindestfordernden? Wenn nein: Ist die Abweichung damit begründet, dass das andere Angebot wirtschaftlicher ist als das des Mindestfordernden?	§ 25 (3) Nr. 2 VOB/A § 25 (3) VOL/A
79	Sind die Wertgrenzen hinsichtlich der Ermächtigungen bei den Vergaben beachtet? Ist die Vergabeentscheidung durch den Befugten erfolgt?	örtliche Dienst-anweisungen
80	Sind die Bestimmungen der Hauptsatzung bzw. der Zuständigkeitsordnung beachtet?	

IV. Prüfungskriterien außerhalb der VOB/VOL

81	Wurden die Leistungen in mehrere Aufträge aufgeteilt, um die Vorschriften für die Vergabe zu umgehen (Stückelung)?	
82	Verstößt das Angebot gegen die Preisvorschriften, d. h., werden unzulässige Preise gefordert?	PR 1/72 vom 6. 3. 1972
83	Ist wegen unzulässiger Preise in einem Nachtragsangebot die Preisüberwachungsstelle bei der zuständigen Behörde (in NRW: Regierungspräsident) zwecks Prüfung des Angebots einzuschalten?	Gem.RdErl.Fin-Min. 23. 7. 74 B 1057-6 II B 4
84	Prüfung der Angebotssumme im Vergleich zur Kostenanschlagssumme auf	§ 10 GemHVO

a) Art der Durchführung der einzelnen Maßnahme und

b) Feststellung der Gesamtkostenanschlagssumme unter Berücksichtigung der einzelnen Positionssummen

c) Einsparungen bei anderen Leistungstiteln, falls die im Kostenanschlag vorgesehene Summe eines Titels überschritten wird.

85	Sind in dem Leistungsverzeichnis Bauelemente und technische Anhänge beschrieben, die den Grundsätzen einer sparsamen und wirtschaftlichen Haushaltsführung entsprechen, und bedingen die im Leistungsverzeichnis vorgesehenen Ausführungen und technischen Anhänge keine ungewöhnlichen hohen Unterhaltungskosten?	§ 10 GemHVO § 75 GO NRW
86	Sind im Leistungsverzeichnis Arbeiten und Liefermengen beschrieben, die den allgemeinen Regeln der Technik entsprechen und die eine einwandfreie werkgerechte Ausführung gewährleisten?	

153

V. Zusätzliche Prüfungskriterien für Nachtragsangebote

87 Welche Ursachen liegen den Nachtragsangeboten
zugrunde?
88 Sind Vergleichangebote möglich?
89 Besteht eine Verpflichtung zu Übernahme der Kosten
des Nachtrages? Ist ein Dritter ersatzpflichtig?
90 Ist das Nachtragsangebot vor Ausführung der Leistungen
vorgelegt worden?
91 Sind die Verhandlungen gem. § 2 VOB/B geführt
worden?
92 Sind die Einheitspreise der Zusatzleistungen angemessen?
93 Hat das Fachamt die Preise nachkalkuliert? Ist es
erforderlich, die Urkalkulation einzusehen?
94 Besteht die Möglichkeit der gesonderten Ausschreibung
und Vergabe der Zusatzleistungen?

VI. Bei Ausschreibung von Jahresverträgen

95 Waren die Vorgaben der Ausschreibung eindeutig,
umfassend und detailliert?
96 Entsprechen die ausgeschriebenen Massen den
Erfahrungen der vergangenen Jahre?
97 Wer trägt das Massenrisiko? Welche Regelungen
wurden für den Fall getroffen, dass die geplanten
Massen über- bzw. unterschritten werden?

Literaturverzeichnis

Adolphs, Heinrich: Prüfung der Gemeindekasse, Köln 1978

von Arnim, Hans Herbert: Wirksamere Finanzkontrolle bei Bund, Länder und Gemeinden, Hrsg.: Karl-Bräuer-Institut des Bundes der Steuerzahler, Heft 42, Wiesbaden 1978

von Arnim, Hans Herbert: Die Öffentlichkeit kommunaler Finanzkontrollberichte als Verfassungsgebot, Hrsg.: Karl-Bräuer-Institut des Bundes der Steuerzahler, Heft 51, Wiesbaden 1981

Blasius, Hans: Finanzkontrolle in Deutschland. In: Verwaltungsrundschau 10/1992, S. 350

Döpking, Dieter: Verdeckte Kreditfinanzierung des Verwaltungshaushalts – gesetzlich toleriert oder gesetzwidrig? In: der gemeindehaushalt 12/1997, S. 271

Freytag/Hamacher/Wohland: Neues Kommunales Finanzmanagement Nordrhein-Westfalen, Stuttgart 2005

Gaentzsch, Günter: Gesetzmäßigkeit und Wirtschaftlichkeit der Verwaltung: Beißt oder verträgt sich das? In: DÖV 1998, S. 952

Geib, Gelhausen u.a.: Wirtschaftsprüfer-Handbuch 2000, Band 1, 12. Auflage, Düsseldorf 2000

Gohlke, Klaus: Die örtliche Rechnungsprüfung – Funktion, Effektivität und Effizienz in kritischer Analyse, Erlangen/Berlin 1997

Hoffmann-Riem, Wolfgang: Finanzkontrolle als Steuerungsaufsicht im Gewährleistungsstaat. In: DÖV, März 1999, S. 221

Jakobs-Woltering, Peter: Erfolgskontrolle der Rechnungshöfe als Eingriff in den politischen Bereich? NVwZ 1995, Seite 561

KGSt-Bericht: Nr. 15/1978, Organisation der Kommunalen Rechnungsprüfung: Durchführung der Prüfung, Köln 1978

KGSt-Bericht: Nr. 2/1997, Rechnungsprüfung und Neues Steuerungsmodell, Köln 1997

Kühn/Weizenegger/Obergfell: Kommunales Prüfungsrecht in Baden-Württemberg, Stuttgart, München, Hannover 1986

Peemöller, Volker H., Hofmann, Stefan: Bilanzskandale – Delikte und Gegenmaßnahmen, Berlin 2005

Peemöller, Volker H., Richter, Martin: Entwicklungstendenzen der Internen Revision, Berlin 2000

Rehn, Erich, Cronauge, Ulrich, von Lennep, Hans Gerd: Gemeindeordnung für das Land Nordrhein-Westfalen, Kommentar, Siegburg o.J.

Sachverständigenrat „Schlanker Staat": Abschlussbericht Band 1, 2., unveränderte Auflage, Bonn 1998

Sachverständigenrat „Schlanker Staat": Abschlussbericht Band 2: Materialband, (CD-ROM) 2., unveränderte Auflage, Bonn 1998

Sachverständigenrat „Schlanker Staat": Abschlussbericht Band 3: Leitfaden zur Modernisierung von Behörden, 2., unveränderte Auflage, Bonn 1998

Scheel, Werner, Steup, Johannes, Schneider, Theo, Lienen, Annette: Gemeindehaushaltsrecht Nordrhein-Westfalen, Kommentar, 5. Auflage, Köln 1997

Schröer, Hans Hermann: Gemeindeprüfungsrecht, Köln 1969

Schwarting, Gunnar: Den kommunalen Haushaltsplan – kameral und doppisch- richtig lesen und verstehen, 3. Auflage, Berlin 2006

Schwarting, Gunnar: Der kommunale Haushalt, 3. Auflage, Berlin 2005

Schwarting, Gunnar: Effizienz in der Kommunalverwaltung 2. Auflage, Berlin 2004

Schwarting, Gunnar: Kommunales Kreditwesen, 2. Auflage, Berlin 2000

Wallmann, Walter: Staatliche Finanzkontrolle – Überörtliche Prüfung kommunaler Körperschaften. In: DVBl. 2000, S. 1185

Wambach, Martin, Redenius, Hilko: Leitfaden zur Bilanzierung und Prüfung nach NKFG: Eröffnungsbilanz und Jahresabschluss, Nürnberg 2005

Wieland, Joachim: Staatliche Finanzkontrolle im Bereich kommunaler Selbstverwaltung. In: DVBl 1999, Seite 1470.

Stichwortverzeichnis
(Die Zahlen bezeichnen die Randnummern)